HEIDEGGER REDISCUTÉ

DU MÊME AUTEUR

Le Corps productif, Mame, 1972 (en collaboration).
Lou Salomé, génie de la vie, Calmann Lévy, 1978.
La Société industrielle et ses ennemis, Orban, 1989.

Ouvrages collectifs

Mort du paysage, Champ Vallon, 1981.
Anatomie d'un épistémologue, Vrin, 1984.
Les Malheurs des temps, Larousse, 1987.
Maîtres et protecteurs de la nature, Champ Vallon, 1991.

Certains de ces textes ont connu une première version dans les publications suivantes; tous ont été remaniés, actualisés et augmentés de notes pour cette édition : « Heidegger et la politique de Kant » est paru sous le titre « La pensée politique de Kant » dans le numéro 2 de la revue *Philosophie politique* (PUF,
1992); « Nés nature » est paru dans le numéro 6 de la même revue (PUF, 1995)
ainsi que « L'Amérique » dans le numéro 7 (PUF, 1995); « Fétichisme du paysage » a été publié dans la revue *Ethnologie française,* numéro 3, 1989; « Les
beautés de la nature » dans la revue *L'Aventure humaine,* numéro 1, 1995; « Le
fleuve » a été publié sous le titre « Usage et usure du fleuve » dans les *Actes du
Colloque international* de Lyon III, mai 1992; « L'Industrie » est un extrait ré-
visé de *La Société industrielle et ses ennemis,* Orban 1989. Que les responsables
de ces publications soient ici vivement remerciés.

© Descartes & Cie, 1995
ISBN 2-910301-36-2

FRANÇOIS GUERY

HEIDEGGER REDISCUTÉ

Nature, technique et philosophie

Descartes & Cie

52, rue Madame, Paris 6ᵉ

Avant-Propos

Il est des modes auxquelles il faut savoir résister s'il y a lieu, et l'épuration différée de tous ceux qui n'ont pas été « politiquement corrects » en est une. Elle risque d'entraîner des effets indésirables de son propre point de vue : censurer des œuvres de l'esprit, opposer la force à la culture. Il y a encore pire, car en faisant de Heidegger, puisqu'on en parle, un « nazi », on donnerait, si c'était vrai, un grand philosophe à l'Allemagne en un temps où elle les persécutait au même titre que les savants et les artistes.

Heidegger s'est mêlé des affaires du siècle, mais si on examine les prises de position qui engagent sa philosophie, c'est le procès de l'idéologie officielle du régime qu'on le voit intenter en situant le nietzschéisme sommaire de la « doctrine de la volonté » dans le courant de la métaphysique achevée, comme « technique ». S'il y a lieu de lui reprocher ses engagements, ce ne peut être que pour autant qu'il se montre injuste envers Nietzsche ou même envers la technique, mais pas pour un conformisme imaginaire ou une obédience criminelle.

On peut mener une autre expérience et simuler la perte de Heidegger, sa radiation de la pensée française contemporaine, pour savoir ce que nous y perdrions. Merleau-Ponty et Sartre n'existeraient pas sans lui, on le sait. On dit moins ce que Foucault et Deleuze lui doivent, quoique le premier ait raconté la révélation philosophique qu'a constitué pour lui la lecture de Heidegger. De manière créative, inventive, il a su traiter, à partir des grandes lignes de la déconstruction heideggérienne de l'histoire de la métaphysique, de nouveaux objets : l'hégémonie de la raison représentative et l'exclusion des fous qui en découle, le règne de l'anthropologie sous toutes ses formes dont la « médicale », la manie investigatrice ou « volonté de savoir », le caractère daté des énoncés qui appartiennent à des époques discrètes, archéologiques.

Quant à Gilles Deleuze, sans retenir la prise de distance heideggérienne, il a restitué un Nietzsche résistant à la tentation de spiritualiser et de subjectiviser, caractéristique du règne de la morale et de la psychologie investigatrice. Il l'a désolidarisé d'un certain hégélianisme français où la dialectique du maître et de l'esclave joue le rôle d'une légitimation de la faiblesse, ce que Nietzsche récuse principiellement. Il a décliné la métaphysique nietzschéenne en remontant à Leibniz, comme Heidegger apprend à le faire. Il est redescendu à Bergson, à Proust, ces monadologues conscients de l'être. La dette de Deleuze envers Heidegger reste certes à cerner, mais on ne peut imaginer un monde philosophique français privé de cet enracinement, privé de ses maîtres.

Il n'y a donc pas à revenir sur l'introduction déjà ancienne de Heidegger dans le monde de la pensée française. Il y a à la justifier, à en chercher et hiérarchiser les avantages et les inconvénients, bref : exercer le jugement critique qui est lui-même un autre nom pour la philosophie. C'est à quoi ces textes s'attachent, avec divers degrés de proximité mais jamais sur le mode de l'occultation.

Ce n'est pas tant le passé qui nous incline à nous référer à lui, c'est le présent actuel et vivant, c'est l'ouverture d'un avenir de pensée. Il n'est pas temps d'en faire un monument historique, parce qu'il aide à prendre en compte des objets surgis récemment à notre horizon : la nature, qui contient aussi bien le paysage, l'environnement, l'art ; la technique, c'est-à-dire l'industrie, l'anthropologie, les médias ; la tradition philosophique pour autant qu'elle conditionne la référence à des principes applicables à de telles questions. Nous n'aurons jamais trop besoin de cet ancrage. Il faut le faire nôtre pour être *nous*.

La question de la nature est à la fois ancienne et moderne, elle prend un tour futuriste lorsque son alliance problématique avec l'aménagement d'un monde humain oblige à en réexaminer l'étendue et la vraie portée. Le dialogue contradictoire avec le Heidegger de la fin des années trente aux années soixante-dix nous fait avancer, il nous dispense de certains anachronismes, certains poncifs. Il nous aide à nous situer au présent.

La technique est l'autre pôle de la même question. Là encore, il est un interlocuteur privilégié, il condense des réactions typiques du XXᵉ siècle et leur donne la forme d'une métaphysique y compris lorsqu'il prétend la dépasser. La confrontation ne peut et ne doit être minorée ou évitée.

Avec la tradition de la métaphysique, Heidegger touche aux principes. La « technique » incarne à ses yeux les *temps modernes*, inaugurés par Descartes, continués par Hegel, achevés par Nietzsche. Une vue d'ensemble des grands traits de cette reprise est indispensable à qui veut éviter d'aplatir le débat. On esquisse ici ce « tableau des temps modernes » sans équivalents.

La question d'une position conséquente vis-à-vis de cet auteur, vrai condensé de la pensée européenne, et en même temps « penseur allemand », pourra alors commencer à se poser autrement qu'en termes de préjugés et de dénonciation moralisante ou encore d'obédience aveugle. C'est le pari que font ces études.

I
Nature

Terre, monde, paysage

Appelons « paysage » ce dehors qu'on contemple et qu'on aménage, valorisé pour ses fonctions et son esthétique. Heidegger le déconstruit et le reconstruit dans un esprit qui condense toute son approche de la modernité, dont il constate les insuffisances en matière de pensée. Cette modernité pense mal, malgré ou *à cause* de sa réelle « prise » sur la réalité collective.

Le temps des modernes, c'est celui de la « maîtrise », qui signifie raison, volonté, vitalité, initiative individuelle et collective. Nous avons de ce fait le paysage que nous « voulons » ou bien celui qui répond à des entreprises calculées, même si nous réprouvons certains aspects du résultat qui sont pourtant la contrepartie de notre volonté : nous logeons, nous aménageons, nous exploitons les ressources du sol et du sous-sol, même si les dégradations inévitables et la prolifération des aménagements programmés donnent au tableau visuel qui en résulte bien des inesthétismes déplorables. Parce que ce paysage est à la fois calculé et voulu, il nous cache quelque chose à quoi un accès ne serait réservé qu'à un homme autrement fait, un homme qui serait au-delà du « moderne ». Ainsi, le paysage nous renvoie à nous-mêmes en tant que modernes et nous oblige, pour peu que nous cherchions à «penser» notre monde et notre être, à revenir sur nos modes d'appréhension des choses, devenus des habitudes et des réflexes: calcul et volonté, par exemple. Voilà en gros ce qu'on rencontre en se préoccupant d'esthétique paysagère: de quoi «faire réfléchir».

Il faut suivre pas à pas le cheminement de Heidegger, des débuts jusqu'à l'après-guerre, dans sa «déconstruction» de notre pensée du «monde», qui englobe notamment le monde visible qui nous entoure, «paysage» ou bientôt «environnement». Il poursuit une idée unique, il suit un fil directeur, et un seul, pour soulever la question du «paysage de l'ère technique» ou moderne qui est nôtre, en un sens élargi qui comprend aussi bien des équipements invisibles, des moyens de communication, une échelle qui dépasse de loin celle de la «contrée» ou du «pays» aux deux sens du terme.

Pour rendre compte du double caractère des aménagements humains et collectifs qui forment aussi bien le «paysage» visible que les infrastructures et l'insertion dans le milieu global qui font l'«environnement», à savoir qu'ils sont construits et ensuite reçus comme des réalités existantes, il n'a qu'un concept, c'est *l'usuel* (*Zuhanden,* on reviendra sur les problèmes de la traduction). On s'en sert, et ils deviennent biens d'usage, familiers, évidents pour nous. Qu'on pense au paysage de notre enfance, auquel on était habitué comme à un état de fait éternel, et que la modernisation ou le simple entretien ont fini par métamorphoser et bouleverser! Maisons, quartiers, régions entières deviennent méconnaissables, on ne retrouverait pas la maison de famille au milieu de lotissements et de tours qui se sont substitués à son entourage d'avant-guerre comme un décor de théâtre en chasse un autre. Là, on frôle la découverte de l'«usuel», parce que brusquement on ne le retrouve plus: mais il se referme bien vite sur nous.

14

L'habituel ou l'usuel forment donc la base de notre appréhension du monde, en ce sens bien particulier du «familier», avec cette espèce d'évidence qui dispense d'y penser et
d'analyser plus avant. Le ferions-nous, par exemple à l'occasion d'un bouleversement incompréhensible de la vue habituelle, que nos catégories ne changeraient pas : on aurait affaire à «l'usuel» au sens où tout doit «servir», être utile à…,
nous concerner, et de ce fait la nouvelle réalité apparaît
comme «plus utile», elle a un sens fonctionnel, elle n'est
«pas sans raisons d'être».

Les changements d'apparence demeurent quand même
dans l'usuel. On coupe un arbre centenaire pour faire un
parking, et les amoureux du quartier se mobilisent, occupent le chantier, etc. Un an après, le parking accueille les
voitures des visiteurs de la ville, qui en profitent pour aller à
pied flâner dans les rues ou faire leurs courses. Dans les
deux cas, c'est l'usuel : on prenait le frais sous l'arbre, on se
promène à pied en ville, ce sont des usages, des manières de
profiter des lieux avec toujours la même inconscience,
comme s'ils «étaient là pour ça». Cela signifie deux choses :
les objets du monde, les arbres, les parkings, sont toujours
«pour un usage», ce qui implique qu'ils sont «là», disponibles, et qu'on ne les invente pas de toute pièce.

Quant au fait qu'ils soient là ou puissent y être, on ne
pose pas la question, la «question de l'être». Même sous
cette forme pauvre, celle de «l'être-là» des choses usuelles,
«être» n'est pas une question qui se pose.

L'amorce de cette réflexion sur *le monde* comme totalité
des objets d'usage a lieu dans *Être et Temps*. On peut se dis-
penser de remonter plus haut, quoique ce serait possible.
Plus bas ou plus tard, c'est notamment *L'Origine de l'œuvre
d'art*, en 1935, texte intégré aux *Chemins*, et à la fin des années quarante : les conférences sur le *Gestell*.

Heidegger intègre au monde lui-même tel qu'on en a l'expérience (donc «le vrai monde», si l'expérience est la clé du

vrai) la banalité et la quotidienneté. Avec ces mots qui eux-mêmes sont de l'ordre du banal et du quotidien, il pose un piège qui fonctionne trop bien, puisque la raison d'être de ce choix des termes demeure difficile à trouver, notamment quand on «traduit» *(traduttore, traditore!).*

L'usuel est le banal et le *quotidien,* mais que veut dire «quotidien»? Le terme allemand *alltäglich* veut bien dire quotidien, *quotidie,* c'est-à-dire «tous les jours», avec la même équivoque. Un «pantalon de tous les jours» ne sert évidemment pas «tous les jours», pas davantage un «vin ordinaire» n'est bu ordinairement au sens où on en boirait tous les jours. L'ordinaire et le quotidien ont cette particularité de vouloir dire le contraire, non de ce qu'ils «disent», mais des premiers équivalents qui nous viennent à l'esprit. Le «quotidien» est «tous les jours» sans être «toujours», avec la nuance d'universalité ou de «sans exception» qui s'y attache. D'ailleurs, au moment d'amorcer l'analyse de la quotidienneté, Heidegger emploie les expressions *zunächst und Zumeist,* d'abord et surtout, ou: la plupart du temps, puis *durchschnittlich*: communément répandu. C'est ce que veut dire «alltäglich». C'est le «courant», comme on dit les affaires courantes, qui diffèrent des affaires exceptionnelles ou mémorables.

Il manque donc une dimension à la quotidienneté, celle qui s'attache au «pas banal» et à l'exceptionnel, ainsi qu'aux «autres jours». Hors du «tous les jours», il y a les jours de fête, dont le dimanche ou «jour du Seigneur», *domenica,* ou «jour du soleil » *(sonntag, sunday)* n'est que la forme hebdomadaire.

Y a-t-il dans les jours de fête et les circonstances qui les accompagnent une vérité qui échapperait à la quotidienneté? C'est la question que Heidegger traitera ailleurs et plus tard, avec les mêmes arguments que dans *Sein und Zeit.* La chose a trait à «ce que c'est qu'un monde», étant donné qu'il est inhérent au *Dasein,* même «de fait», d'être «au monde», avant toute recherche ontologique sur ce qui fait son être (c'est-à-dire sur sa temporalité). De toutes manières, cette étude ontologique de la temporalité du *Dasein* elle-même tend à mettre en évidence la source de sa quotidienneté, qui n'est pas exactement « fausse » ou « factice », puisqu'elle dérive authentiquement de cette source, mais bien « de fait » (*Faktisch*, du mot *Fakt*) et non « de droit ».

Bref, l'analyse du quotidien a son pendant dans le symétrique, le « férial », le « jour pas comme les autres » que Hölderlin célèbre comme « jour des dieux » et qui coïncide avec le monde grec, le dionysiaque, jour du vin (pour Hölderlin, toute l'histoire grecque forme un seul « jour », le « jour des dieux »). Tout en situant Hölderlin en pleine métaphysique, comme Nietzsche, Heidegger ne renonce pas pour autant, en cherchant « pourquoi des poètes en temps de détresse[1] », à attribuer une vérité au jour de fête, qui diffère du jour ordinaire.

La réflexion de Heidegger s'en prend à diverses évidences non problématisées, et notamment à celles des *choses,* terme si vague et général que Kant en fait un équivalent d'être, c'est la « chose-en-soi », *Ding an sich*. Le monde est plein de « choses », mais sait-on ce que c'est qu'une « chose » ? En faisant du monde une collection de choses, on n'est pas plus avancé pour comprendre ce qui fait qu'un monde est monde, ou surtout ne l'est pas (il y a vraiment un *monde grec*, mais est-ce qu'il y a un « monde moderne » ? Un vrai monde, beau, harmonieux, uni ?). Donc le monde cache sa nature, il la cache dans la fausse évidence qui nous fait croire qu'il y aurait « d'abord le monde », mais sur le mode d'une collection dont les unités de base sont également trop familières pour révéler leur vraie nature. Là encore, la quotidienneté nous joue des tours en nous dispensant mensongèrement de nous poser des questions sur la véritable vérité, ce

---

1. Conférence éditée in *Chemins qui ne mènent nulle part, op. cit.*

qui donne prétexte à la fameuse « déconstruction de la quotidienneté ».

Heidegger prend la question au sérieux lorsqu'il discute de « l'origine de l'œuvre d'art ». Si on prend *l'œuvre d'art* en tant que « chose » du monde, on tombe à la fois sur l'équivoque qui marque notre notion banale ou quotidienne de la « chose », et en même temps on en sort, en ce sens que l'œuvre d'art n'est justement *pas* banale et quotidienne, mais qu'elle se donne comme le contraire, une chose exceptionnelle, marquée d'une pierre blanche, comme un jour de fête.

Heidegger rencontre successivement trois cas de telles « choses » qui sortent de l'ordinaire, afin de mieux mettre en évidence de quoi est fait ce « monde » qu'on ne voit plus à force d'y vivre et de s'y faire. Il prend trois exemples, de vérité croissante, et le deuxième nous intéresse pour autant qu'il a trait à la chose architecturale et paysagère : c'est le temple grec. Mais il faut les trois pour suivre la démonstration.

En un sens, la séquence des trois est une hiérarchie des arts, qui met l'architecture au-dessus de la peinture et la poésie au-dessus du tout. Reste à savoir le pourquoi, qui dit en même temps ce qui fait la « vérité » de l'œuvre architecturale.

Sans le dire, Heidegger commence par une chose qui en imite une autre : les chaussures peintes par Van Gogh, qui font « voir » les chaussures réelles comme on ne les voit jamais dans l'usage banal et quotidien. Ce sont les chaussures réelles, et non les peintes, qui sont la vraie « chose » d'usage qu'on ne voit plus, et qui ressort singulièrement grâce à l'art. L'analyse des chaussures quotidiennes, où d'ailleurs Heidegger se montre victime de confusions quant au fait (Van Gogh a, semble-t-il, peint ses propres chaussures et non celles d'une paysanne), remonte jusqu'à un élément qui ne prendra son sens véritable qu'avec le temple grec, c'est la terre comme sol où repose le monde supposé paysan. Dans la mise en évidence d'une vérité recouverte par la quotidienneté de l'expérience, qui n'en garde pas moins sa vérité en tant que telle, on découvre le phénomène du monde en un sens qui ne coïncide pas avec la notion grossière d'une collection de choses particulières. Le monde de la paysanne apparaît plus éthique : elle peine, elle s'échine, elle se protège des éléments qu'elle affronte dans son travail des champs. La terre elle-même prend une valeur vécue bien différente de son concept d'*élément*, au sens des « quatre éléments » des cosmogonies ou de la science. Elle « supporte », elle résiste, elle montre une inertie que le labeur paysan rencontre et surmonte. On ne sait en fin de compte, et c'est toute la question, si le monde paysan « retourne à la terre » ou si c'est la terre qui finit par devenir le bien et l'être même du monde paysan : c'est le « combat de la terre et du monde », affrontement sans vaincu où l'enjeu est l'appartenance. Il est en tout cas certain que terre et monde « s'appartiennent » par-delà les clivages entre choses différentes, entre concepts et régions de l'étant prédécoupées par les « ontologies régionales » évoquées dans *Être et Temps*[1].

L'appartenance mutuelle de *la terre* et du monde n'est sensible dans les chaussures que parce que ce sont des chaussures ; avec une cuvette de toilette ou une carafe et des verres, la chose se verrait moins, quoique la porcelaine, le verre, le vin soient chacun à la fois « terre » et « monde », un élément et une forme. En tout cas, la « chose peinte » n'intéresse pas en tant que peinture représentative ou figurative, en tant qu'art de peindre, ce qui réfute la double entreprise de faire de Heidegger ou bien un penseur de la matérialité de la peinture (les coups de brosse, la couleur en tube, le joli jaune), ou bien un chantre de la peinture figurative contre les dégénérés de l'art abstrait. Ces deux lectures intéressées,

---

1. § 3 et 4 de l'introduction.

l'une laudative et l'autre dénonciatrice, ratent le coche et même toute la question du côté chose dans l'œuvre d'art.

Dans la réfutation des catégories de l'ontologie dite «traditionnelle», cette opposition de la terre et du monde joue un rôle décisif. C'est à partir d'elle que Heidegger tente de reprendre sous un jour nouveau la question des rationalisations déformantes de l'étant. Aussi il est important de comprendre les analyses du «temple grec» non comme un chapitre d'esthétique, mais d'ontologie.

Le temple grec est-il «de l'art» au sens où nous l'entendons, au sens de Hegel par exemple lorsqu'il déclare que «l'art est mort» depuis les Grecs et leurs temples et statues des dieux?

Lorsque Heidegger prend l'exemple du temple dédié à Jupiter sur le site de Paestrum (première version), ou sur un site quelconque, il entend «œuvre d'art» en un sens autre, qui trouve son écho un peu plus tard lorsqu'il fait de l'art selon Nietzsche ce qu'il appelle «l'aiguillon de la volonté de puissance». Chez Nietzsche, la place de l'art dans l'ontologie, comme statut de l'étant, est centrale en ce qu'il donne à la volonté son accomplissement en vérité: c'est ce qui différencie le simple *conatus* comme conservation ou persévérance dans l'être, et l'accroissement ou domination, le *nisus* dans l'être comme appétit de vivre. Dans *L'Origine de l'œuvre d'art*, où la problématique de l'œuvre centre davantage la question ontologique sur l'«opération» humaine, art signifie davantage «ce qui fait monde», c'est-à-dire l'installation humaine dans un monde et le combat qui s'instaure de ce fait avec la terre. La question que Heidegger se propose de traiter est la suivante: en quel sens les Grecs ont-ils eu un monde à eux (même s'ils nous l'ont légué ensuite, à nous Européens), qu'ils ont inauguré par un geste décisif, une incision dans l'étant disponible? Il les voit comme des gens qui ont un jour «coché» ce qui leur appartenait déjà de fait pour le retrouver ensuite et ne pas se le faire prendre.

Cette incision, cette encoche sur les étants qui étaient déjà leurs biens d'usage, c'est l'art. En 1935, Heidegger a déjà mis au point un néologisme qui subira entre ses mains de nomothète bien des métamorphoses pour nommer finalement « la technique moderne », c'est le fameux *Gestell*, celui-là même que la traduction par « arraisonnement » que j'ai osé critiquer[1] rend encore plus incompréhensible. Le *Gestell* marque ou incise la « terre » grecque, qui devient alors « à eux » et leur appartient, si bien que pour la première fois on « voit » la terre, alors que jusque-là elle restait invisible à force de familiarité et ne se « dégageait » pas aux regards de ses habitants. Il a fallu l'œuvre d'art pour que se fasse le grand partage entre ciel et terre, qui définit la religiosité des Grecs et non leur esthétique ou leur « art » au sens moderne. Ils cultivent des dieux, et c'est cette culture ou ce culte qui les fait eux-mêmes grecs, bien plus que la culture du sol. C'est pourquoi l'exemple de la paysanne souabe qui, elle, cultive le sol avec ses grosses galoches, vient avant dans le texte, comme une énigme que le recours aux origines grecques vient éclairer. La paysanne souabe est une énigme dont la clef est grecque.

Le culte des dieux prend une forme « artistique » parce qu'ils acquièrent entre les mains des Grecs la forme d'une chose, en l'occurrence d'une statue sculptée. Ce ne sont pas des « représentations » des dieux grecs, comme si les hommes s'imaginaient naïvement pouvoir copier dans la pierre l'aspect d'hommes-dieux existant hors d'eux à titre de modèles. En tant qu'art grec, la statuaire grecque n'est pas figurative, elle ne « représente » pas. Ce serait un anachronisme énorme que de prêter aux Grecs cette *vis figurativa* qui fera l'essence d'une époque plus tardive, la nôtre, celle des « modernes », encore que sous une forme bien différente de la duplication

---

1. Notamment dans un numéro de *Milieux* consacré au « braconnage », peut-être sans les précautions et la courtoisie nécessaires.

visible du visible. Heidegger écrit bien que les statues « sont » les dieux, qui se mettent à exister en entrant dans la pierre de l'attique, et donnent à cette pierre ou « terre » sa véritable existence qui sort alors vraiment de l'ordinaire, au sens fort du terme. De même les pierres dont est fait le temple et qui sont « terre », faites de l'élément terre, « ressortent » lorsqu'elles ont la forme de choses taillées pour former les parois, les colonnes et les frontons du bâtiment.

Art désigne en fait la même chose que « le monde » grec, qui combat la terre sans s'en isoler. Les deux vont ensemble, l'un révèle l'autre. La question de l'art vient au secours d'une autre question qui trouvait un début de traitement dans *Être et Temps*, celle de l'être de la chose et de l'être du monde comme ensemble des choses. Si les Grecs ouvrent « un monde » en bâtissant des temples, c'est que le partage entre les dieux et les hommes, mortels et immortels, qui révèle « la terre » grecque, a un caractère cultuel et férial qui dépasse le simple usage quotidien des choses, où leur disponibilité n'apparaît pas comme « être » ni « être-là ».

On y gagne une déconstruction des catégories de l'usuel, ou du quotidien, dans leur prétention impensée d'elles-mêmes à fournir le cadre d'une métaphysique. A son dernier stade, l'analyse de la « chose » qu'est l'œuvre d'art recoupe explicitement celle des structures de renvoi[1] en leur ajoutant la dimension « historique » qui en est absente.

Être a un « sens », c'est le point de départ de l'analyse. Pour qui « existe », être ou ne pas être est une question vraie. Mais « être », pour la chose, pour le monde, quel sens y a-t-il à cela ? Or chose et monde nous bouchent la vue et prennent le pas sur « nous » qui sommes à la fois « au » monde (nés, en vie) et « du » monde : ici, maintenant. Cette constatation en entraîne une autre : l'ontologie n'a pas assez établi l'ordre lo-

---

1. Elles occupent les § 17 et 18, première partie, chapitre III, *Être et Temps*.

gique entre « être » au sens d'exister et de vivre, et « être » au sens d'être une chose dans le monde et « du » monde. Une métaphysique s'est enkystée sur cette équivoque, donner à « être » un sens d'abord chosal, avec des catégories de chose étendue, de chose-force dynamique, de chose-périssable temporelle. Bref, de « chose », au sens large. Partir du monde est normal, on y est, c'est notre sort. Mais il ne faut pas calquer les catégories de l'existence sur celles qui permettent de penser « la chose » objectivement, tirées de la connaissance et de la maîtrise des « choses » que nous sommes amenés à manipuler et gérer dans la vie pratique. En 1935, Husserl a développé ce point de vue en tant que « critique du naturalisme » dans sa conférence de Vienne.

La réaction contre cette ontologie métaphysique dite « traditionnelle », quoiqu'elle soit à vrai dire peu pratiquée comme telle depuis le Moyen Age, prend la forme d'une critique de la « vie quotidienne » et de la pratique en tant que source de confusions ontologiques : elle n'a pas à nous dicter le sens de « être ».

Il en résulte une mise en cause de la pensée *objectiviste* et de ses catégories, qui rejaillit sur la conception des œuvres d'art au sens large : beaux-arts, technique, aménagements territoriaux.

On en revient à la « quotidienneté » comme banalité et au fameux « on ». Les Grecs anciens lui ont servi d'antithèse, voyons à quoi exactement ils ont servi.

La vie de tous les jours ne nécessite aucune « question » fondamentale, elle n'est problématique que dans le sens tout pratique où elle offre une série de problèmes à résoudre, non en celui où elle dégagerait le problème du « sens » dont dépend la question du sens de « être ». Plus exactement, elle présente le « problème du sens » dans une version préfabriquée et donc insuffisamment critique, qu'il faudra dépasser. Elle constitue de ce fait un obstacle, d'ailleurs grossi dans une intention rhétorique, puisque la question se trouve cachée sous de fausses réponses et non sous sa difficulté propre. Quoi de neuf depuis la maïeutique socratique, on se le demande, d'ailleurs ce n'est pas Heidegger lui-même qui dirait le contraire, lui qui met en exergue à *Être et Temps* une citation du *Sophiste* qui va dans ce sens.

La vie de tous les jours ne cultive pas le sens des questions, elle a mieux et plus urgent à faire. Pour dramatiser le problème, Heidegger établit une analogie entre lesdites «catégories de la quotidienneté» et celles de la métaphysique de Platon et/ou d'Aristote. En extrapolant, on dira même que Leibniz, Nietzsche... n'en sont pas sortis[1]. On comprend bien que ce règlement de comptes universel a d'autres et de plus véritables raisons. Ces raisons sont avouées en toutes lettres dès le début d'*Être et Temps*, elles concernent l'hégémonie du néokantisme et l'émergence d'une anthropologie philosophique.

La vie de tous les jours nous donne des choses, ou des objets, sous deux formes trompeuses : ces choses sont «là», toutes prêtes, disons disponibles, l'allemand dit *Vorhanden*. Elles sont aussi là pour servir à quelque chose, pour nous, qui en avons l'usage d'une manière ou d'une autre : des choses qui ne nous serviraient à rien du tout et ne renverraient à rien seraient des choses hors du commun, et non des choses quotidiennes !

Le premier aspect que prennent les «choses de tous les jours», qui par définition sont des banalités, c'est ce côté «servir à quelque chose» ou «renvoyer à quelque chose d'autre», qui ouvre la voie à un structuralisme avant la lettre.

Un structuralisme : la «chose qui renvoie à une autre» entre dans un jeu de relations, l'esprit va de l'une à l'autre et tourne en rond. Il y a une «structure» comme celles de la parenté chez Lévi-Strauss, ou celles du langage chez de Saus-

---

1. C'est ce que Heidegger estime vrai dans son *Nietzsche* II, notamment.

sure. Tout élément d'une structure « renvoie » à un autre, c'est le « renvoi ».

D'ailleurs Heidegger pense après de Saussure, mort en 1913, à mettre le langage en général au nombre de ces « choses » qui renvoient l'une à l'autre. Il comprend que cette manipulation symbolique des choses par d'autres choses (des choses par les mots) suppose à son tour un renvoi d'un mot à l'autre qu'on pratique spontanément quand on parle sa langue. Cependant, le caractère instrumental des *choses* d'usage au sens le plus plat n'est pas le même que celui des *mots* d'usage. On forge les premiers « pour l'usage », exprès, en toute conscience de la facticité, la fabrique des outils ainsi obtenus. Les mots n'ont été forgés par personne, avec quels outils initiaux l'auraient-ils été ? Ils sont d'usage par leur fonction, mais aussi par leur origine, ils semblent dériver eux-mêmes de l'usage. Le langage est donc l'occasion de relativiser la conception instrumentale des « choses » comme « signes », signifier c'est renvoyer et c'est plus que cela, car renvoyer la chose-signe, c'est la manquer. Il faut comprendre ce qui signifie le mot « renvoi » en allemand, *Verweisen* est un terme péjoratif, le *ver* désigne un échec ou un empêchement, *weisen* une indication parlante. *Verweisen,* c'est manquer de signifier, signifier à côté. Le « renvoi » renvoie non « à » la chose, mais LA chose même, de même que les catégories de la choséité analysées dans *L'Origine…* constituaient une « insulte à la chose ».

Tout l'usage s'en trouve dénoncé comme accès à la vérité. Jamais la véritable chose n'est d'usage ou en tant qu'elle est usuelle ou usitée. Ici l'analyse prend un tour qui nécessite une prise de distance critique : nous, collectivement pris, les Européens, avec nos vingt-quatre siècles d'existence historique et même historique mondiale (nous sommes « partout »), si nous considérions que la nouveauté de la chose est sa seule vérité, nous ne serions pas nous-mêmes ; nous ne sommes plus tout jeunes, la volonté d'être « jeune nation» est mensongère, anachronique. En revendiquant la vision de «jour de fête» comme vraie vision, nous serions abusés! Comment croire que les «choses usuelles» avec le cortège de rituels qui vont avec l'usage, les usages, les bons usages, déposés sur les choses après des siècles de supposée politesse, de courtisanerie, d'étiquette, manqueraient de vérité et appelleraient l'énigmatique «jour de fête» dionysiaque pour transformer ses citrouilles en carrosses!

Allons plus loin. Le temple n'est pas pris au hasard, pas davantage que la coupe sacrificielle comme exemple de «chose» ou de «cause» dans la conférence sur la technique. Avec ces exemples, le côté *férial* est mis en évidence, ce sont des lieux de *culte,* des objets du culte, qui correspondent dans l'analyse au «jour de fête» par excellence, le dimanche, où on célèbre le culte. Ils ne sauraient être «quotidiens», au sens purement hebdomadaire ni au sens du routinier qu'on exécute sans y penser ou en pensant à calculer une suite efficace des actions. Comme le nom propre qui «nomme», baptise solennellement la chose, ces «objets» d'exception rappellent l'homme au respect dû à ce qui le dépasse, aux dieux, aux immortels. Ils le rappellent de ce fait à sa propre mortalité, cet être pour la mort qui est la vérité de l'être-là des hommes. A ce respect, ce culte rendu, répond en miroir et en négatif la fameuse «insulte à la chose» qui constitue le fond de l'ontologie traditionnelle, à suivre les démonstrations de *L'Œuvre d'art.* Insulter la chose, c'est la prendre comme service à rendre, comme fonction, comme terme dans la chaîne des causes et des effets. Si on oublie ses chaussures au pied du lit pour s'en souvenir au moment de les rechausser le lendemain, c'est qu'on les prend pour des domestiques, des «choses domestiques», aptes à servir. Le service les définit et fait leur être. L'ontologie métaphysique s'y met en définissant sous sa forme schématisée et scolastique le «système des causes», les fameuses «quatre causes»: matérielle, formelle, finale, le tout formant le « quoi », la quiddité. La finalité (le service à rendre) commande aux aspects matériel et formel, il faut le cuir, il faut la semelle… Ainsi la chose « insultée » se retrouve réduite aux éléments structuraux et fonctionnels que l'objet d'art, avec l'accent mis sur la matérialité et la forme « pour elles-mêmes », transcende pour peu qu'une esthétique « fonctionnaliste » ne vienne pas retrouver les causes insultantes, le pour-quoi des bâtiments, leur légèreté matérielle, leur épure fonctionnelle.

Insistons. Le « où » des choses, lui aussi, entre dans la perspective réductrice de la fonctionnalité structurale. Les bâtiments sont « où » ils servent, les chaussures sont « aux pieds », le spatial entre dans le système des causes. Pourtant, il n'en va pas de même pour l'œuvre d'art qu'est le temple, parce qu'il n'habite pas l'espace de la même façon : à travers lui, la « terre » grecque advient à son épiphanie, elle « est » par le temple. Elle apparaît tout à coup avec lui, non seulement en dessous comme sol et fondations, mais « en » lui par les pierres tirées du même sol, les pierres de l'attique. En béton armé, le « temple grec » serait moins grec.

Le « quand » est encore de la partie. C'est la fondation du temple, c'est-à-dire son édification, qui est sa vérité, non le culte ultérieur avec ses cycles, son vieillissement, les habitudes prises et, pourquoi pas, « les marchands du Temple ». L'origine est le vrai, la vérité perdue, négligée et insultée par l'ontologie métaphysique renforcée par la scolastique latine. Le vrai temple n'a pas d'âge, il naît toujours, il fonde et se fonde, il est inaugural et férial.

On pourrait se demander si cette conception n'« insulte » pas à son tour nos mœurs de peuple architecte. Walter Benjamin opposait au même moment où Heidegger concevait *L'Origine de l'œuvre d'art*, les deux valeurs rivales, la cultuelle et celle d'*exposition*. Il cherchait aussi une certaine éternité dans l'architecture, mais bien loin du sens retenu par l'Allemand. *L'Œuvre d'art à l'ère de sa reproductibilité technique* cherche un secret voisin de celui qui inquiète Heidegger, mais autrement et ailleurs. L'usage fait partie du monument, sa « visite » ultérieure à sa fondation en consacre le caractère « artistique » tandis que le cultuel reste religieux. L'art est en balance entre le cultuel qui est « avant » et l'exposition qui vient « après ». Benjamin évite de chercher dans le purement cultuel l'essence de l'art, tandis qu'Heidegger récuse de manière plus unilatérale la recherche de l'identité de « l'art » hors du culte qu'un peuple se rend à lui-même en « appropriant » *(Er-eignen)* sa terre.

En un sens voisin, historiciste, Ortega y Gasset, en 1935, corrige et publie sa *révolte des masses*, fruit de plus de dix ans de publications dans des périodiques. Il cherche également le secret du destin de l'Europe dans tout ce qui réveille les peuples qui la composent d'un assoupissement dans l'usuel et le familier, et attaque la mentalité « enfant gâté » des Européens amnésiques, les « envahisseurs verticaux » qui viennent de l'intérieur de la société. L'analogie s'arrête là, car la critique des Européens ne prend jamais la forme d'une remontée aux origines perdues comme vérité oubliée. C'est tout près de nous que l'Europe bascule dans l'infidélité à elle-même, au XIXᵉ siècle, tandis que Heidegger accuse et innocente à la fois ce siècle charnière en remontant au déluge, soit aux avatars de l'ontologie et d'elle seule.

Ortega ne tombe pas dans l'illusion qui consiste à voir dans « l'union européenne » un projet de mariage avec communauté de biens. Il ne fait pas du développement des communications un effacement des « lieux » identitaires parce qu'il ne croit pas que les lieux aient à eux seuls l'identité. Comme c'est plutôt leur réseau ou système qui leur rend leur identité, ce qui touche à la distance matérielle ou kilométrique garde un côté anecdotique et ne fait pas fonction de repoussoir existential.

---

1. § 3 et 4 de l'introduction.

C'est ce dérapage qui devrait retenir l'attention dans les analyses heideggériennes, si le «sens critique» gardait ses droits. Encore faudrait-il le repérer dans sa genèse et ses progrès. Mais on rencontre alors une difficulté: c'est le Heidegger «réacclimaté» au sol français dans les années cinquante, le «provençal» ami des poètes, René Char... qui développe le plus l'illusion du *lieu* comme *existential*. La chose est sensible par exemple lorsqu'il tente de rendre au monde grec sa singularité, pour nous faire honte de n'avoir pas su les imiter en cela. «Le monde grec» vaut mieux que «le monde souabe», avec sa paysanne à godillots, parce qu'il y a «des temples grecs» pour «approprier» la terre grecque aux hommes et à leurs dieux, pour faire ressortir la pierre grecque dont ils sont faits, pour faire exister la terre et le ciel de l'Attique. Carte postale! On n'est pas loin du nain de jardin pour «faire exister» la terre souabe et ses *Bergzwerge* traditionnels[1].

D'ailleurs, Heidegger donne quelques critères pour distinguer «un peuple historial», qui devraient faire réfléchir: «Donation et avènement d'un sol ont en eux l'immédiat de ce que nous appelons un commencement»[2]. Tout ce qui a été acquis sur le tard et qui n'a pas été inauguré de la belle façon se trouve exclu de l'histoire future d'un peuple, il n'a pas droit à un destin. L'Amérique du Nord est donc rayée d'un geste de plume de la liste des peuples à vrai destin[3], ce qui est un comble. La Grande Allemagne n'est pas loin, avec sa langue comme ciment identitaire, ses annexions justifiées, ses populations recyclées de force. L'anglais, par contre, cet anglais de convention qu'on fait apprendre aux immigrants de toute la planète, n'aura jamais l'historial pour soi, puisqu'il n'est pas «du commencement» et donc pas porteur

---

1. Cf. « La pensée politique de Kant » dans ce même volume.
2. P. 86, Gallimard.
3. Cf. « L'Amérique », dans ce même volume.

de promesses de destin : Heidegger écrit d'ailleurs en 1942, comme le signale A. Barash dans *Heidegger et son siècle*[1], au titre si pertinent :

« Nous savons aujourd'hui que le monde anglo-saxon de l'américanisme a décidé d'annihiler l'Europe, c'est-à-dire, la patrie, l'origine de l'Occidental.[2] »

A l'ère « planétaire » de la métaphysique des temps modernes, la Souabe[3] est du « local », mais aussi bien l'Europe opposée à l'Amérique, l'Allemagne à la France. Faire de ces entités linguistiques (le dialecte souabe par exemple) des « destins » n'est pas du nazisme, au moins on en serait quitte aujourd'hui sous la forme d'origine : c'est du régionalisme, du particularisme. C'est ce à quoi la France républicaine, qui a réussi à digérer ses provincialismes et ses irrédentismes depuis des siècles, devrait répondre par un haussement d'épaules. On en est loin, ces thèmes emphatiques réveillent en nous quelque chose, une nostalgie, une rage mal éteinte. La modernité nous fait encore mal, elle nous élance comme une écharde cachée sous la peau qu'on voudrait s'arracher. On est encore condamné pour un temps à *du Heidegger*, comme un remède de bonne femme pris faute de mieux, parce qu'il est aussi en retard que nous sur le siècle, sans parler du suivant, et qu'il le sait mieux que nous. Heidegger est notre *Homéopathie* !

Comme lui, nous croyons que le problème, c'est « notre temps », comme si un autre, un temps antérieur, avait été sans problème. C'est notre faiblesse et notre illusion parce que chaque temps est un problème à traiter en lui donnant sens. Ce sens ne va pas sans une mise en perspective, mais pas en « retrouvant les origines », ni non plus en projetant comme des barbares un idéal dans des « temps à venir »

---

1. PUF, 1995.
2. Cité p. 169.
3. Voir chapitre « La pensée politique de Kant ».

comme s'ils devaient recommencer à zéro. Le sens de la tradition ne peut être rejeté, il est précieux, il est notre bien et notre être. C'est en ce sens que Heidegger ouvre une perspective qu'il contribue en même temps à restreindre.

Fétichisme du paysage

Si l'on envisage de juger le paysage que nous offre la modernité industrielle, on est rapidement conduit à de déconcertantes bifurcations, à l'indication illisible ou malaisée.

Faut-il dire que ce paysage est d'une autre beauté que celui auquel le monde archaïque nous habituait il n'y a guère? Faut-il carrément le juger laid? Ou aller jusqu'à penser que ce n'est pas même un paysage, qu'il n'y a plus de *paysage* digne de ce nom dès lors que l'espace environnant a été touché par la modernité comme par une maladie endémique?

Les trois perspectives s'offrent réellement, et mènent à des lectures qui, sans s'exclure systématiquement l'une l'autre, possèdent une consistance. La troisième oblige à relativiser une notion de paysage dont l'historicité n'est pas accessible à un regard tourné vers l'espace environnant depuis un point lui-même soustrait à la question critique, tandis que les deux premières peuvent fort bien s'accommoder de l'idée que cette catégorie esthétique survit à la variation de ses contenus. Seule, donc, la troisième voie mène à une critique radicale, sans qu'on sache encore quelle en sera la cible: la modernité ou la nostalgie. C'est dire que l'éclectisme, qui se nomme «post-moderne» pour mieux faire valoir ses droits, ne possède pas un tel ressort : il s'interdit, en renonçant à la critique, d'être radical.

Dès lors qu'on conçoit le paysage comme une somme d'objets, aperçus dans une perspective englobante et souvent depuis un site éminent qui conditionne davantage la «vue» (*veduta*) que la vision, la nature de ces objets devient la variable qui déplace le jugement. Par «somme d'objets», il faut entendre un agencement sur un même plan visuel de figures identifiables et repérables, dont la valeur propre, comme la relation des unes aux autres, peut prendre la dimension d'un symbole ; la «beauté» du paysage est alors le nom d'une satisfaction ressentie à constater ce symbolisme des termes et des relations. Ainsi de Bellini, peintre de la Vierge Marie, qui donne au fond la consistance d'un paysage en rapprochant de beaux symboles entre eux dans l'espace sacré, «liés à ses attributs mystiques». «Plaine bien cultivée, champ non labouré, puits, pont, château, village, fleuve, port tranquille, forteresse, nuage, etc. [1] » Qu'on retire la figure de premier plan : la Vierge, et le paysage qui complète le vide, passe de l'allégorique au véritable symbolique, où le visible se donne pour l'invisible.

La consistance des objets tient de ce fait à l'exigence d'expression par symboles qui s'attache d'abord au genre pictural, puis à la chose à peindre même, au pittoresque. La possibilité que l'âme artiste ou rêveuse puisse retrouver, dans l'image perceptible d'un environnement déterminé et ordonné, les idées qui de toute éternité ont formé leur empreinte en elle sans se donner à une intuition intérieure délibérée, tient à l'importance essentielle de la mémoire dont le livre de Frances Yates [2] constitue la révélation. Il en découle que toute perte d'objet trouve sa signification dans la perte du symbolisme qui ranime les idées éternelles de l'âme.

---

1. Battisti, article Paysage de l'*Encyclopædia Universalis*, 1980.
2. F. Yates, *L'Art de la mémoire*, Gallimard, 1975.

C'est cette correspondance qui attache des corps éphémères et changeants à cet élément de pérennité qui leur fait défaut en propre. Qu'un changement dans le paysage, ou *du* paysage, soit alors ressenti comme perte, est une fatalité que la poésie ne s'est jamais fait faute d'exploiter en jouant sur le déchirement entre souvenir et perception. De la remémoration des idées au souvenir des choses qui ont su la déclencher, l'association est aisée. Du sentiment d'une altération affectant les paysages du passé ou de l'enfance à celui d'une perte de l'idéal auquel l'âme aspire, la conséquence est la pente même de la douleur morale.

Le Père Festugière[1] a ainsi montré la naissance d'une poésie élégiaque à l'aube de l'hellénisme, lorsque les grandes cités grecques ont perdu leur indépendance. Le repli sur l'intimité de la nature et du paysage accompagne le sentiment d'une perte des idéaux d'autarcie et de sagesse communautaire. Réciproquement, la stabilité et le calme d'un paysage sensible au seul cours des saisons garantissent à l'âme grecque en déroute l'abri qu'elle demande là où on ne peut le lui refuser, dans ces choses innocentes et pieuses que le fracas des armes n'a pas touchées : ruisseau et pont, plages, barques et chaumières, oignon cru sur du pain bis. La stèle votive des carrefours porte des inscriptions en vers qui rendent lisible le paysage et lui confèrent la valeur d'un itinéraire spirituel vers le recueillement et la paix.

Lorsque Du Bellay chante son *Petit Liré* méconnaissable ou demande au bûcheron d'arrêter «un peu le bras», tandis que celui-ci ne fait qu'accomplir la tâche annuelle que requiert tant l'industrie humaine que l'impuissance du seul végétal à réguler ses proliférations, il plaide également pour la paix intérieure plutôt que pour l'harmonie boisée de sa campagne natale; mais il sait que le cœur ne peut atteindre sans ce détour l'état de repos dont il ressent douloureuse-

---

1. P. Festugière, *L'Enfant d'Agrigente*, 1941, éd. du Cerf.

ment l'absence. La cognée du bûcheron fait ainsi saigner le cœur. Le changement des objets qui composent le paysage n'est donc ni indifférent ni innocent, mais d'autre part ce n'est pas lui qui prend la valeur d'une pérennité idéale et sacrée : seule la correspondance entretenue avec les idées de l'âme l'attache à un élément intemporel dont sa nature même l'éloigne. Reste alors à définir en quoi la modernité interfère avec la sacralisation du paysage.

Les paysages de la modernité

Il est certain que la relation instaurée par les classiques entre l'âme du spectateur et le tableau vivant que constitue le paysage est affectée par le bouleversement général introduit dans l'environnement et le sujet même par la révolution industrielle. On peut répartir les éléments de cette révolution paysagère en deux registres, selon qu'elle touche les objets et leur relation entre eux, ou le sujet et sa relation avec le dehors.

L'objet moderne manufacturé, de facture plus standardisée que les produits des anciens arts de la construction, résiste certainement plus qu'eux à son fonctionnement symbolique, sans l'empêcher puisqu'il n'en est que le motif ou le support et non la cause. D'une part, il change plus souvent, de même qu'il prolifère dans l'absolu : des vagues de constructions nouvelles suivent les progrès des arts architecturaux. Verre et fer, béton armé, matériaux de synthèse accélèrent le cycle des constructions et des destructions et marquent d'éphémère le cadre ainsi réalisé, qui a tendance à acquérir de ce fait pour l'œil le caractère d'un décor en quasi trompe-l'œil.

Soit que le moderne copie l'ancien au moins en surface (façades à moulures, chapiteaux à l'antique, néo-classique en général), soit qu'il se dépouille de ses pièces rapportées et mette en évidence des structures artificielles (façades de verre, armatures apparentes), il joue plus avec le style éternitaire des constructions archaïques qu'il n'entre dans la loi qui lui fixait *a priori* la fonction d'évoquer une idée (palais, temple, château). Villes et faubourgs cessent d'être les temples de la mémoire dès qu'ils coïncident avec leur pure fonction d'usage temporaire. Le décoratif apparaît dès lors comme tel, si bien que la supposée post-modernité commence de fait avec la modernité même et l'utilitarisme qu'on lui assigne comme limite.

D'autre part, la dimension symbolique des bâtiments pouvait tenir à ce qu'ils imitaient toujours une origine sensible antérieure afin de communiquer l'idée d'une imitation du supra-sensible par le sensible. Les chapiteaux corinthiens imitent la vigne, la tonnelle, la treille, le néo-classique imite le grec, le post-moderne imite le néo-classique, etc. La dérobade du concret comme tel ne peut alors qu'évoquer un style supra-architectural, demeure des dieux, temple sacré. L'œil y retrouve curieusement un environnement familier, tandis que ce qui l'est vraiment semble étranger et repoussant, tant dans le matériau que dans la forme.

Dès lors qu'on construit selon un concept défini, la dimension reproductible du bâtiment standardisé ne garde de symbolique que la référence transparente au type ou modèle commun, ainsi du HLM qui n'entre sous la garde du jugement esthétique que lorsque l'épreuve du temps frappe d'oubli le standard même. Les Cités nouvelles d'un Tony Garnier, dans le quartier des États-Unis à Lyon, sont redécouvrables comme architecture dès qu'on ne sait plus construire sur le modèle qu'elles concrétisent[1]. Analysant le goût de l'Antiquité, fût-elle contemporaine, Claude Lévi-

---

1. Cl. Lévi-Strauss qui analysait dans l'émission Apostrophes au quatrième trimestre 1988 le lien entre disparition d'un standard et amorce de fétichisation : la traction-avant par exemple.

Strauss y voit la simple sortie de la fabrication en série, même si celle-ci est de l'immédiat hier.

Si le beau plaît sans concept, ce qui pourrait plaire mais selon un concept échappe de ce fait au jugement esthétique et tombe dans l'agréable, plus souvent, hélas, dans le désagréable. Ainsi se propage l'idée, en elle-même déraisonnable, que le moderne n'est pas beau, du simple fait que ce qui est fait pourrait se refaire à l'identique en réactualisant un modèle existant concret (moule, chaîne de montage) ou abstrait (formule, procédé, plan). On touche là au problème de la frontière instable entre l'ancien et l'actuel dont dépend le marché de la collection (voiture par exemple) et qui régit le jugement sur le paysage construit sans qu'on tente d'expliciter le préjugé.

A quel point ce goût de l'antique est étranger aux anciens eux-mêmes, un texte de Platon en témoigne. Si Kant[1] valorise le classicisme comme tel, le Platon des *Lois* ne se prive pas de planifier des cités dortoirs parfaitement standardisées, où la partie aurait exactement le même aspect que l'ensemble pour le voyageur qui apercevrait de loin la vue de leurs murailles d'enceinte[2].

Mais il ne s'agit encore que de relativiser la « beauté adhérente » en faisant ressortir son caractère utilitaire comme obstacle à la remontée vers l'idée.

Le paysage mobile

Du côté du sujet, comme de celui de l'objet, quelque chose vient perturber plus gravement le facteur qui constitue en paysage la collection des objets proposés à la vue. La mobilité n'est pas en soi un obstacle à l'effet de paysage : des

---

1. E. Kant, *Critique de la faculté de juger,* rééd. Vrin, p. 141, 1982.
2. Platon, *Les Lois,* rééd., Les Belles Lettres, p. 951, 1950.

nuages fuyants, un champ de blés couchés par le vent, le vol des oiseaux introduisent un facteur mouvant dans le tableau sans le décomposer. La marche même déploie les profils successifs du paysage pour l'œil du marcheur sans le dissoudre. On peut parcourir à cheval et au galop une plaine, une forêt, sans porter atteinte à l'âme des lieux traversés, bien au contraire : l'*Erlenkönig* du jeune Goethe, le *Roi des Aulnes*, mis en musique par Schubert, profite de la course échevelée du père anxieux à travers les branches basses pour constituer en paysage fantastique et hanté cette forêt où son fils agonise.

On a souligné combien l'éminence du lieu d'où on découvre le paysage compte pour le constituer dans son unité déployée. De la cartographie au dessin de paysage, du « vol d'oiseau » au panorama, la transition historique est attestée.

L'introduction de la mobilité et de la vitesse dans les données paysagères, à travers des technologies nouvelles (le train, mais surtout, l'aéroplane) a cependant inspiré une nouvelle esthétique du paysage chez les futuristes avant de trouver une généralisation tardive chez P. Virilio (1980 et 1984) comme esthétique du cinématographique. La dissolution de l'objet, on l'a vu, n'a pas en soi valeur de décomposition du paysage ; mais l'accélération du processus de la décomposition visuelle de sa perception affecte bien les valeurs paysagères et les fait entrer en crise. De même, la vitesse en soi n'est rien, mais la possibilité de décomposer la perception du mobile rapide en instantanés (Marey[1]), puis la recomposition synthétique du mouvement par leur succession rapide devant l'objectif (la « cinématographie » par opposition à la

---

1. Étienne-Jules Marey (1830-1904), physiologiste, a mis au point le procédé de la chronophotographie qui est considérée comme l'ancêtre du cinématographe. Il est l'auteur de plusieurs ouvrages scientifiques : 1868, *Du mouvement dans les fonctions de la vie*; 1873, *La Machine animale*; 1878, *La Méthode graphique*.

chronophotographie) atteignent bien en lui-même le concept de l'objet identique à soi, à travers la perception variable de ses profils : l'objet devient une fonction du regard.

La cinématographisation de l'objet et celle du paysage sont donc en droit possibles dès lors que la double accélération de la vitesse du spectateur (aéroplane) et de l'enregistrement analytique du mobile (cinéma) recentre son unité sur celle de la perception même. Déjà l'impressionnisme, cette réaction à la simple photographie, faisait de la perception de l'objet un défilé arrêté de notations lumineuses dont l'effet de masse sur la toile avait valeur de recomposition synthétique variable ; de l'idée que les choses se présentent en plusieurs états selon l'ensoleillement, donc l'heure, à celle que les états de la perception constituent les choses en kaléidoscope modifiable à volonté, se dégagent les bases d'une crise des objets et d'une révolution corrélative de la mémoire. L'objet perçu n'a plus le temps d'évoquer une image mnésique plus intemporelle s'il se résume à l'instantané d'une surface à la composition aléatoire. Même si Bergson a cru trouver dans la crise de la perception l'occasion de remonter à la durée pure, principe de devenir et de mémoire, tout l'édifice du symbolisme, en s'effondrant, entraînait avec lui la valorisation de la mémoire comme secret de la perception, au profit d'une conception relativiste de la mise en scène.

W. Benjamin[1] tire de cette crise la conséquence disjonctive que l'on sait : ou bien une esthétique de la destruction par la violence technologique (le fascisme) ou une politisation de l'art. Mais dans les deux cas, la réalité « extérieure » s'efface pour livrer passage au concept de la mise en scène et d'un conditionnement du regard sur une réalité susceptible d'analyse et de recomposition arbitraire.

De ce statut nouveau de la réalité extérieure, G. Duhamel en 1930, P. Virilio et J. Baudrillard plus près de nous four-

---

1. *Essais*, vol. II, Denoël Gonthier, 1971-1983, p. 87.

nissent approximativement une même lecture qui fait litière de cette disjonction. Par exemple, Baudrillard[1] écrit : «Puissance cinématographique égale et supérieure à celle des machines industrielles et militaires, égale ou supérieure à celle du Pentagone et des gouvernements.» De même, les *Scènes de la vie future* de G. Duhamel (1956), montent en épingle la dépendance du regard soumis à un jeu d'images trop rapides pour laisser fonctionner la reconnaissance par la mémoire, donc la symbolisation. Le cinéma parasite les pensées, les hypnotise, s'empare de leur cours, si bien que le spectateur, «ilote ivre», en est dépossédé au profit de la vision «artistique», c'est-à-dire, pour l'auteur vulgaire, qui préside à leur ordonnance.

En rattachant les progrès du cinéma à ceux des écrans radar perfectionnés des jets supersoniques, P. Virilio ne modifie pas la téléologie que suppose cette lecture réductrice, mais en tire, en la généralisant, la conclusion que Benjamin relativisait : une esthétique de la destruction technologique régit la nouvelle vision du monde sous l'empire du cinéma.

Le paysage photogénique

Le monde, ainsi décomposé, serait-il devenu écœurant, imbuvable? Est-ce la fin du monde en images, avant l'apocalypse? Du monde méconnaissable au monde enlaidi, une synonymie va jouer pour condamner le paysagisme moderne cinégénique, puis télégénique. Curieusement, le sort des dernières technologies de l'image mobile diverge d'avec celui de la première, celle qui saisissait en instantané des vues photographiques d'une réalité en mouvement par arrêt du mouvement. Le photogénique peut sembler au regard de la nostalgie une valeur positive que le télégénique se voit dé-

---

1. J. Baudrillard, *Simulacres et simulation,* Gallimard, 1981.

nier. Pourtant, en commentant les photos d'Atget, Benjamin annonçait que le mystère de la photogénie des rues de Paris, luisantes de pluie et désertes, tenait à l'amorce du processus de la narration que les médias ultérieurs accomplissent: la vue en instantané semble le théâtre d'un crime imminent ou accompli. Elle appelle le fait divers narré, puis montré et mis en scène. Mais l'aspiration nostalgique est la plus forte: il faut que ce qui hypnotise soit damné, et pourtant le paysage urbain photogénique en noir et blanc semble de l'art à l'aune de sa mise en mouvement ultérieure considérée comme dégradation et vulgarité.

Néanmoins, le futurisme des *Assassins du clair de lune*[1], comme la critique haineuse des théoriciens de la modernité posthume n'atteignent pas vraiment l'idéal paysager, la catégorie esthétique même du paysage, en faisant le compte du ravage de ses contenus et composants. De ce fait, aucun d'eux ne tient vraiment compte d'une crise du paysage même et tend plutôt à en restaurer l'intérêt par l'inventaire de ces altérations. Que penser en effet du résumé synoptique fourni en quatrième de couverture pour le livre de Baudrillard, *Simulacres et simulation* (1981). «C'est le réel, et non la carte, dont des vestiges subsistent çà et là, dans les déserts qui ne sont plus ceux de l'Empire, mais le nôtre, le désert du réel lui-même.»

Juger «désertique» le paysage (post) moderne, «hyperréel» (1984), c'est encore se faire d'un «vrai» paysage, sinon d'un «réel» paysage, une vision idéale comme espace plein, rempli de bons objets intacts et reconnaissables. Devant les écrans démoniaques, le sociologue désenchanté rêve d'un Bellini et projette son fantasme de *Vierge à l'enfant* au milieu des décombres et des ruines filmées dans *Apocalypse now* (le titre de ce film est un miracle pour une telle pensée).

---

1. « Le Futurisme », *Cahiers des Avants-Gardes,* Lausanne, L'Âge d'Homme, 1977, p. 18.

Il existe néanmoins une possibilité de nier jusqu'à la persistance dans l'idéal de la catégorie esthétique porteuse d'objets, ce paysage comme *tout* englobant où l'homme projette ses idées éternelles.

Mais ce n'est pas du côté d'un futurisme que se produit le suprême basculement. En dissolvant l'objet dans la vitesse de la prise qui s'exerce sur lui, on dissoudrait également l'idée d'une telle prise ou emprise. La «réalité» même y succomberait. Mais comme la fixité du réel va de pair avec l'illusion d'une maîtrise sans réserve imposée par l'homme au monde extérieur, la fluidification bergsonienne ou scientifique des objets concrets porte avec elle la menace d'un renoncement à une telle illusion. Le comble de la critique philosophique, dirigée contre le «paysage de la modernité», n'est donc pas à découvrir là où meurt l'objet emporté par sa vitesse, mais là où il vient se ranger dans un immense magasin virtuel où l'homme moderne le stockerait comme un boutiquier avare le ferait de ses bocaux et sachets plastiques.

La critique du non-sens du monde affecte donc tout objet qui pourrait former sous les yeux un assemblage harmonieux et suggestif, de sorte que le paysage puisse faire pendant à l'âme pour actualiser ce qui en vaut vraiment de la peine. Dès lors, ces objets éternels que sont l'arbre et le fleuve, comme la fleur et la cruche de vin, frappés de la malédiction qui s'attache au geste de produire pour consommer, vont se désenchanter sous nos yeux et transformer comme en un cauchemar le paysage traditionnel en un sordide dépôt de marchandises.

Il faut alors écouter vraiment Heidegger (1962) comparer le paysage industriel à celui d'antan : « ... la technique moderne est un défi qui intime à la nature l'ordre de livrer de l'énergie, celle-ci comme telle doit pouvoir être extraite et emmagasinée. Mais est-ce que ce n'était pas déjà vrai du vieux moulin à vent ? Non : c'est vrai, ses ailes se meuvent en rond, au vent, elles sont offertes sans réserve à son haleine.

Le moulin à vent cependant ne met pas sous clé les énergies des courants d'air, pour en faire des conserves! Un pays, au rebours, est mis au défi de fournir du charbon et de l'acier. Les royaumes telluriques sont à présent mis à sac comme des soutes à charbon[1]!»

Comment une soute à charbon ferait-elle paysage? Et, de même, cet arbre devenu matière première pour l'industrie de la pâte à papier – comme simple réservoir de cellulose planté dans le paysage – comment parlerait-il à l'âme, à la mémoire? D'autant plus que le boutiquier, le gardien d'entrepôt, représentent pour le penseur non seulement un monde sans âme, mais l'âme damnée de ce monde.

De là à juger que la nature cultivée était poétique avant l'industriel, il n'y a qu'un pas: « En ce temps-là, cultiver voulait encore dire: enclore et soigner, garder et veiller, entourer de haies et d'attentions!» *(ibid)*.

Soit: la campagne formait paysage en restant «humaine», et l'industrie, surtout agro-alimentaire, répand son inhumanité sur le linceul de la plaine éternelle en la faisant cadavérique. Pire: la disposition ordonnée du paysage, quel qu'il soit, évoque l'enchantement non seulement des traditions du terroir, mais surtout de la poésie cosmique la plus ancestrale: le Ciel et la Terre, les mortels et les Divins immortels, en se coupant en quatre. C'est le fameux quadriparti des traducteurs de Heidegger *(Das Geviert)*, disons le quadruple, qui ajoute aux trois dimensions de l'euclidisme banal celle, plus transcendante, d'une Olympe de convention. Munie de ce couvercle, la boîte du paysage est protégée, mais pas assez pour empêcher la furieuse effraction des industries motorisées, si bien que tout engrais qui ne serait pas fait de bon crottin et de belle bouse arracherait aux Cieux leur éternelle poésie.

---

1. « La Question de la technique », in *Essais et Conférences,* Gallimard, 1958. [Fragment retraduit par nos soins].

Mais où sont les paysages d'antan ?

Il est un point sur lequel Heidegger a pourtant raison d'insister, c'est l'inanité et la vacuité de l'esthétisme. Le paysage enlaidi ne gagnerait rien à subir la tondeuse, le peigne et les ciseaux d'un artiste inspiré des dieux. Paysagistes, attention ! Sachez-le : « les arts ne naissaient pas de l'artistique. Les œuvres d'art n'étaient pas faites pour une jouissance esthétique. L'art n'était pas une branche de l'industrie culturelle » (*ibid*).

A l'ère de la mise à sac, il ne peut donc espérer d'une intervention étatique de type gestionnaire ou décorative le salut après la perte, le céleste après l'infernal. C'est à la technique même de sauver ce que le technique a perdu, sans qu'on puisse faire plus en cette matière que méditer des vers de Hölderlin pourtant bien inquiétants :

> Là où gît le danger,
> Là va lever ce qui sauve aussi[1].

C'est dire que la crise des valeurs paysagères ne relève en réalité d'aucun traitement, d'aucun remède autre qu'une réflexion sur ce que le sentiment atterré des contemporains devant le bilan de leur économie planétaire a de symptomatique quant au fourvoiement de leurs propres intentions, pourtant bonnes. La question « Quel paysage veut-on ? » renvoie à une autre interrogation plus fondamentale : que croit-on faire, que fait-on réellement, quand on exploite les richesses du sol et du sous-sol, des eaux et des airs mêmes, en vue de satisfaire d'innocents besoins, sans parler des autres ? Quel scénario meilleur imaginer ? Fallait-il habiter les forêts inviolées (la plupart ont été plantées, mais qu'importe !), creuser les champs à la main, manger des glands et des raves sauvages, ou répondre à l'injonction divine de croître et

---

1. *Ibid,* également « le tournant », *Questions,* IV, Gallimard, 1958.

multiplier en gagnant son pain à la sueur de son front ?
Comme de telles questions n'ont aucun sens, autant les effa-
cer pour prospecter en commun, et scénariser l'avenir à partir de ce qui est, en sachant mieux quelle relation s'établit
entre l'humanité, son économie et finalement *son* paysage.

A cet égard, la réflexion contemporaine dispose de
quelques concepts prêts à fonctionner. Prenons celui d'«espace public», emprunté par Habermas à Max Weber, mais
déjà formé dans les œuvres du jeune Marx. Dans «espace» il
n'y a pas la référence à un environnement spatial concret,
mais à un élément qui fasse la médiation entre opinions et
volontés particulières comme telles, et l'intérêt, la volonté
générale, pour autant qu'elles concernent l'universel dans
l'homme et non sa bestialité de créature du besoin, du désir
et de l'intérêt. Cependant la référence à un tel espace, place
publique, agora, forum et même foire ou marché, s'impose
si on veut allier l'idéalisme de la volonté générale au réa-
lisme de sa détermination pratique.

Constatant que la puissance publique (la Diète de Rhéna-
nie) sert de tribune à de grands intérêts privés, le plus jeune
des «jeunes Marx» en 1842 rédige son fameux article[1] sur le
«vol des bois» dans la *Gazette rhénane*. Il signale au passage
que la démission des tribunaux devant la tâche de faire pré-
valoir l'intérêt général sur l'intérêt zoolatrique ou fétichiste
(défendre ou voler le bois mort) fait de la presse, plus ou
moins libre, le véritable espace public. A cette époque, la
diffusion de la presse d'opinion dépend des réseaux routiers,
d'une vente sur la place publique (les rues, les sorties de bu-
reaux…), bref d'une organisation de l'espace concret, celui
des aménagements, réseaux, des creux et des pleins agencés
dans le tissu urbain.

Au point actuel, l'espace concret «est» public, tant les
grands réseaux d'échanges l'investissent. D'autre part, le ca-

---

1. Marx, *Œuvres complètes,* Pléiade, t. III. Gallimard, 1982, p. 235.

ractère politique de l'état de l'espace concret échappe de
moins en moins à l'opinion avertie des enjeux, des groupes
de pression, des dynamiques qui détruisent ou préservent.
Ce n'est plus seulement le bois mort qui prend le caractère
d'un enjeu pour la volonté générale, mais toute la planète,
qui loge et les riches, et les pauvres. Si un fétichisme du paysage, esthète ou culturel, guette nos intellectuels, la volonté
de dégager ses enjeux universels et humains comme tels
gagne du terrain. La coïncidence de l'espace planétaire et de
l'espace public des échanges et des décisions est-elle en vue?
Est-ce un danger ou un espoir?

Le fleuve

Lorsqu'il entreprend de dresser le tableau tératologique de la «technique» comme mode moderne d'aveuglement à la question de l'Être, Heidegger cherche et trouve ses exemples dans les altérations du paysage caractéristiques du «règne» de l'énergie : la mine de charbon qui concentre la chaleur et la met en dépôt ; puis, c'est le fleuve, dont le courant enserré dans le béton, «maçonné[1]», devient «courant électrique» disponible et stocké. On croit voir des eaux courantes, libres, vivaces, mais ce n'est en réalité qu'une grosse pile électrique. Autant le citer lui-même, en demandant la permission d'utiliser une traduction que je m'étais risqué à faire pour mieux rendre la violence quasi expressionniste de sa vitupération indignée :

« L'usine hydraulique, on la met en plein dans le Rhin. Elle lui arrache la pression hydraulique qui force les turbines à tourner ; leur mouvement fait marcher la machine dont le jeu arrache le courant électrique qui, à son tour, alimente la centrale régionale commise d'office à l'extraction du courant, avec son réseau électrique ».

---

1. *Verbaut*, écrit-il : mal bâti.

Puis il compare le fleuve maçonné et artificialisé à l'ancien mode d'exploitation des énergies naturelles :

« Dans l'enceinte des réactions en chaîne qui arrachent le courant électrique, même le fleuve Rhin se conduit comme en service commandé. La centrale hydraulique n'est pas bâtie sur le courant du Rhin comme ce vieux pont de bois qui relie depuis des siècles une rive à l'autre. Bien davantage, c'est son courant qui est emmuré dans la centrale. Il n'est que ce qu'est aujourd'hui un courant, c'est-à-dire, un fournisseur de pression, de par l'essence de l'usine. »

En troisième lieu, il met le fleuve en comparaison non avec un ouvrage d'art d'un esprit traditionnel, mais avec une *œuvre* d'art, en opposant *Kraftwerk* et *Kunstwerk*, centrale et poème :

« Un peu d'attention, s'il vous plaît ! Ici règne un monstre ; à distance, mesurons-le, un instant ! Regardons le contraste qui éclate entre deux noms : « *le Rhin* », cette énergie usinée, et « *le Rhin* », au sens d'une œuvre d'art, dans l'hymne homonyme de Hölderlin. Mais le Rhin lui-même, va-t-on m'objecter, c'est toujours le fleuve dans le paysage ! ah oui, et comment ça, dites-moi ? Eh bien : il n'est plus rien d'autre qu'un objet qu'on se paie, on le visite par une agence de voyages qu'une industrie du loisir commande de là-bas[1]. »

Enfin, Heidegger généralise en étendant ses remarques à toute la technique moderne, caractéristique d'une métaphysique de la subjectivité comme certitude de soi :

« La mise à nu qui commande toute la technique moderne possède le caractère d'une emprise, au sens d'un arrachement... la mise à découvert se découvre elle-même à elle-même du simple fait qu'elle en provoque le déclenchement. Pour ce qui concerne le contrôle lui-même, partout il est sûr de soi. Direction et sécurité, voilà bien les traits mêmes de la mise à nu (des énergies productives) comme arrachement et pillage. »

---

1. Cf. « L'industrie », dans ce même volume, où le texte est commenté.

Le fleuve et la technique, alliance impossible, oubli et viol de l'Être et de l'essence du *Dasein* historique : Heidegger traite ici non pour la première, mais la énième fois, le thème « poétique » du fleuve en se référant pour ce faire à Hölderlin, si bien que le commentaire de ce fragment d'une conférence faite en 1949 se doit de remonter le temps pour saisir à sa source la raison d'une telle insistance.

Plus de dix ans auparavant, dans l'*époque des conceptions du monde*, intégré depuis dans les *Chemins qui ne mènent nulle part*, en juin 1938, Heidegger terminait la conférence par une citation de Hölderlin, tirée de *Aux Allemands* :

> ... Si ton âme s'élance
> Nostalgique, au-delà de ton propre temps,
> Triste, alors, tu demeures sur la froide berge
> Auprès des tiens sans les connaître jamais.

Cette action clôt elle-même un développement technique dont le gigantisme et le caractère planifié débouchent par un coup de théâtre dans leur contraire, « l'incalculable » :

« Dès que le gigantesque de la planification et du calcul, de la réorganisation et de la sécurisation saute hors du quantitatif pour devenir une qualité propre, le gigantesque de ce qui est apparemment toujours et entièrement calculable devient par cela même l'Incalculable. Celui-ci reste alors l'ombre invisible partout projetée autour de toute chose, lorsque l'homme est devenu sujet et le monde image conçue ». Pour achever d'ouvrir le champ des réminiscences et des reprises par lesquelles Heidegger entrelace le fleuve, la technique et la poésie, rappelons que l'hymne de Hölderlin *Le Rhin* a été l'objet durant l'année 1934 d'un commentaire développé sur plus de cent pages lors d'un séminaire consacré à l'unité de deux hymnes (*la Germanie* et *le Rhin*), suivi de près par une série d'études sur le poète et son œuvre, jamais abandonnés[1].

---

1. En 1968, Heidegger prononce sa conférence *Le Poème*.

La mention du *Rhin* de Hölderlin, si fugitive qu'elle soit dans la conférence sur *La Technique* de 1949, apparaît à présent comme une allusion transparente à un ensemble de commentaires passés, consacrés à la technique et au dire du poète, à sa thématique telle que le philosophe y a trouvé en tout temps une inspiration et un appui. Il est donc permis de se demander ce que signifie le Rhin «de» Hölderlin et pour lui. Ici, Heidegger demeure l'objet de l'investigation, mais en tant qu'il a élu le Rhin du poète comme énigme et comme objet du commentaire incessamment repris. De ce fait, on peut articuler en trois points, avant de conclure, ce propos qui a le fleuve pour liant : ce qu'est le Rhin du poème, ce qu'Heidegger le fait être, ce qui demeure inexprimé après le passage de cette magistrale interprétation. Pratiquement, cela revient à retenir ce qu'Heidegger éclaire, ce qu'il laisse dans l'ombre, et ce qui demeure de ce fait à éclairer sans lui, sinon à son encontre.

Le long poème de Hölderlin suit, en l'accompagnant de réflexions sur la destinée des choses d'ici-bas, le cours du fleuve Rhin de la source au cours plus régulier qu'il prend au débouché des Alpes. Il constitue une réflexion non sur le «destin» dans toute son ampleur, mais sur ce qui le rapporte à sa source, son origine et son premier mouvement. Ce qui constitue l'objet de cette réflexion ininterrompue suivant la vie du Rhin et motivant le tableau, c'est également la relation entre ce qui a et vit un destin, choses de la nature ou mortelles, et les immortels qui assignent un tel destin et le contemplent avec bienveillance et amusement. Faut-il prendre de ce fait le Rhin, le fleuve «lui-même», «dans le paysage», au propre ou au figuré ? Quel sort faire aux considérations dépitées de Heidegger dans *La Technique* ? Il serait en lui-même devenu un «quelque chose qu'on se paie», par l'intermédiaire d'une agence de voyages ? Mais l'opposition entre l'œuvre d'art et le «fleuve dans le paysage» ne peut tenir, comme Heidegger l'établit lui-même dans son commentaire des deux hymnes. Le fleuve, la nature en général, ne sont pas pris comme image d'une réalité autre, eux-mêmes déjà sont les destins des hommes, qui sont insépa-rables du «là», le *Da* du *Dasein*.

Les réflexions sur la vassalisation ultérieure du fleuve, cou-rant hydro-électrique, cadre touristique, ne sont pas étran-gères au propos du poète. Hölderlin chante et connaît «le plus libre des fleuves» et ne conduit son esprit vers les desti-nées des mortels que pour autant qu'il ressent par l'évidence d'une sympathie acquise d'avance la liberté du fleuve comme sa nature propre, à lui le poète. Ce n'est pas tant l'homme que le poète qui lit et déchiffre son destin en contemplant le fleuve et son cours. Et le poète n'est à son tour que l'homme dont le destin témoigne de ce qui revient aux mortels lorsqu'ils assument le tragique de l'existence et le mouvement de naître et de périr.

On peut discerner un triple mouvement dans cette ré-flexion sur le cours du fleuve : d'abord orienté vers l'Asie, soit vers l'est, il s'infléchit ensuite vers le nord-ouest pour baigner de riantes cités : contrarié, révolté, il lui faut se plier et consentir à son destin, et c'est le sens des deux premiers moments. Mais sans le souvenir de la «pure origine», la vie pacifique du fleuve allemand ne serait pas réellement fidèle à ce destin qui est de ne trouver que sur le tard la voie fixée à lui par les dieux : c'est sa liberté et sa noblesse d'avoir dans son cours régulier et «civique» la réminiscence du souhait originel d'un autre cours. La liberté du Rhin consiste donc à diverger d'abord d'avec les «siens», puisque le Saint Go-thard est aussi la source du Rhône, qui part dès l'origine vers l'ouest.

Pour dire les choses en termes moins poétiques, le fleuve a d'abord un régime de torrent alpin avant de couler en plaine, mais son destin est autant dû à son régime origi-naire qu'au plus tardif. De même, le héros, fils des dieux et demi-dieu lui-même, d'abord rebelle puis sage, a sa vérité et sa mission dans la réminiscence du destin qu'il a d'abord pris pour sien, dans le refus des volontés plus fortes des dieux.

« Car tel tu es né, tel tu resteras… [1] »

Le troisième moment consiste à avertir le peuple pacifique et industrieux de ne pas oublier les signes du destin effacé par le cours ultérieur de la vie :

« … on verrait périr la demeure des hommes et leurs lois, et leur existence même bouleversée, avant qu'un tel fleuve oubliât son origine et la voix pure de sa jeunesse ».

Même dans le texte de 1949, Heidegger reste fidèle à l'essentiel de cette leçon, lorsqu'il insiste sur le fait qu'aucune métamorphose « technique » qui pacifie, domestique et finalement réduit toute indépendance du Rhin, le libre fleuve, ne peut faire oublier qu'il est aussi le *Rhin* de Hölderlin. C'est en somme la morale du poème, sa tension, l'unité de son mouvement contrarié. J'irai même un peu plus loin : la conférence sur la technique s'achève sur un tel rappel. On a beau « oublier l'Être » à force de technique, de maîtrise de la nature et de sa propre subjectivité (la volonté de volonté) au sein de l'extrême illusion de la toute-puissance sur le destin, l'origine demeure inoubliable et l'attitude oublieuse correspond malgré elle et à son insu à un rappel qui émane de l'être et qui fait époque. La métaphysique elle-même, essence et règne de la technique, est de ce fait « époque de l'être » au sein de son absence, c'est plus encore l'ultime signification de la conférence *Die Kehre*, de la même époque (1949-1950) éditée avec *La Technique* [2]. C'est au point qu'on pourrait presque retourner la perspective du commentaire : ce n'est pas tant Heidegger qui « lit » Hölderlin et y décèle le destin de l'être tel que caractérisé par lui depuis *Être et Temps*, que Hölderlin qui souffle à Heidegger ce qu'il

---

1. *Wie du anfingst, wirst du bleiben.*
2. Cf. *Die Technik und die Kehre*, ed. Neske, utilisée dans *L'Industrie.*

développe ensuite spéculativement, en déchiffrant l'énigme poétique contenue dans les grands hymnes.

C'est pourquoi le compte des manques et des points demeurés obscurs prend de l'importance : si fidélité il y a du penseur envers le poète, il y a aussi bien infidélité, trahison ou, tout au moins, incompréhension. Sans trop « prétendre », est-on lié par contrat à s'en tenir au commentaire, aussi puissant soit-il ? Examinons les partis pris les plus déterminants de Heidegger dans l'abord du poème *Le Rhin* ; il l'associe à un autre, *la Germanie* qui le suit immédiatement[1]. En 1934, on ne peut faire purement abstraction du contexte idéologique auquel prend part et *parti* le penseur : Hölderlin est pour lui le poète du destin allemand et du *Dasein* du peuple allemand réveillé, éveilleur des peuples de ce fait : ancêtre de la conscience allemande prenant en charge le destin de l'Europe et prenant le flambeau des mains débiles des vieilles nations pour qui l'existence est un « déjà-là ». Tout va bien dans cette lecture où le Rhin est en réalité la Germanie elle-même éveillée à sa source vivante. Le coude que fait le torrent vers le nord-ouest signifie un déni lourd de conséquences s'il est vrai que le premier essor allait vers « l'Asie », c'est-à-dire aussi bien la Grèce. Heidegger confie à l'Allemagne le sort de l'Occident inauguré en Grèce antique, ce qui n'a rien de nouveau depuis Hegel qui confondait le christianisme universaliste et l'esprit germain pour confier l'esprit du monde aux mains allemandes. Oté l'universalisme, demeure l'Occident. Mais Hölderlin se livre à des digressions qui ne retiennent pas Heidegger, prophète de la germanité, et contredisent l'orientation d'ensemble de son commentaire ; il s'agit de Rousseau, invoqué dans les dernières strophes du poème.

Or, le passage sur Rousseau dit explicitement, malgré la traduction approximative de G. Bianquis et le commentaire

---

1. Dans l'édition bilingue Aubier, trad. G. Bianquis.

évasif et dénégateur d'Heidegger, qu'il ne peut être nommé « étranger », puisqu'il aime ses compatriotes et représente aux yeux des dieux une tentative pour investir la nature d'une mission qui désobéit à leur volonté. Rousseau est le Rhin, au grand scandale du penseur et non du poète. Plus loin, c'est « Sinclair », vraisemblablement l'économiste écossais, le manchesterien et l'agronome, qui reçoit l'hommage fraternel du penseur. Hölderlin devient infidèle à Heidegger, il dénationalise le destin du peuple, associe l'étranger, au sens national, à la mission rédemptrice de la poésie et du fleuve.

Y a-t-il eu, en fin de compte, de meilleure reprise de la question kantienne d'une téléologie de l'histoire occidentale, que la conférence prononcée par Husserl l'année suivant le séminaire sur Hölderlin, en 1935 ?

Nés nature

Il ne va pas de soi de ranimer la question philosophique de la « nature », atteinte de bien des formes d'obsolescence. L'écologie en est une, virulente, son goût pour les « niches » et les réseaux atteint l'unité du naturel ; on localise, on pluralise, on spécifie, et l'élection d'une espèce ou d'un groupe organique comme centre de référence prive la « nature » de cette unité qui a longtemps fait croire qu'elle était un être véritable et non une simple collection.

Aujourd'hui, on évoque l'équilibre plus que l'harmonie, et la fragilité plus que la perfection. Les unités sont plus petites, prises dans des chaînes complexes et calculables. L'écologie réalise autrement que l'onto-théologie un idéal de calculabilité universelle qui faisait alors de la nature une compossibilité, à présent une dynamique en équilibre instable.

Une autre forme d'obsolescence tient à la substitution d'un idéal généalogique à l'onto-théologie des modernes. Aucun terme isolable ne semble assez consistant pour désigner son objet. Le langage tout entier bascule, on affecte chaque mot concédé de guillemets qui l'annulent. Nietzsche avait entamé le processus, qui arrive à son terme dans des ouvrages écrits en langue naturelle, mais qui rêvent de s'en émanciper.

La folie des guillemets manifeste non seulement une crise du langage contemporain aux prises avec l'univers de la précision, mais aussi de la conscience historique qui se fait mauvaise conscience. A-t-on jamais *pensé* la nature, même et surtout lorsqu'elle semblait si unie et si belle, comme un superbe mouvement d'horlogerie dont les astres auraient marqué les heures? Le remords terminologique prend des formes impossibles. Déjà on a regretté la «vie», non qu'elle ait disparu, mais parce qu'elle portait un nom et un seul. On a honte d'avoir pris le mot pour la chose, on pactise, on négocie: le «vivant» irait mieux, puisque la «vie» est trop multiforme, inventive, complexe... c'est la débâcle. On finirait bergsonien, à force de reconsidérer la technique même du langage.

La «nature» ne sera pas plus heureuse, cette fois c'est l'artificialisme qui la juge. On considère qu'il est plus viril de parler d'art et d'artialisation, le «naturel» est trop maternel, trop «donné» quand on préfère prendre. C'est une crise des valeurs. On reconsidère les modèles classiques à partir desquels on croyait saisir la nature de la nature, ils sont tous artificialistes! Un Dieu technicien est à l'œuvre lorsque Descartes prétend retrouver les principes dont procède le naturel: d'ailleurs les plantes sont des automates qui fructifient comme on donnerait l'heure. Mais le Dieu lui-même est un technicien agrandi et «pensé sur le modèle» de l'artisan, CQFD.

L'obsession des modèles envahit le champ de vision du généalogiste. Il en voit partout, comme dans les labyrinthes de miroirs des fêtes foraines. Partout il semble clair que le modèle de la pensée est plus une pensée que sa copie. Kant trouvait encore de la nécessité à ce que nous pensions illusoirement une création divine, artistique, technique ou morale, cette création qui était elle-même pensée calculante et n'était que cela (mis à part le souci du meilleur) chez Leibniz. A présent on oublie la nécessité, on affirme l'illusion, et on ne la redresse pas. On préfère la «libre pensée» à la pensée même, en fonction de valeurs vite dégénérées en préjugés. On peut chanter et danser sur un air de guitare, cela ne signifie pas que cet air, cet accompagnement soit davantage du chant et de la danse que ce chant et cette danse, ni qu'il soit illusoire qu'on chante et danse. Pourtant, le fait que la nature ait été pensée «sur un modèle» comme sur un accompagnement musical authentifie le modèle (l'art de l'artisan «réel») et dévalue la copie (la création divine), pour attester en fin de compte les valeurs du travail humain élevé à la divinité à la place de la théologie des modernes. Bachelard avait entamé le processus de la divinisation du boulanger, on l'achève sous nos yeux. C'est l'homme à la tâche qui est un Dieu à l'aune des valeurs renversées comme un triporteur dans le caniveau.

Comme rien ne peut venir à bout de l'opiniâtreté du préjugé lorsqu'il se nomme lui-même «esprit scientifique» ou *rigueur*, autant prendre le problème à l'envers et considérer les pertes prévisibles et certaines qu'entraînerait l'abandon du «mot», ce rien du tout, le mot «nature».

Les nominalistes qui croient aux choses finiraient par nous rendre aphasiques, mais il est toujours légitime de résister à la force des croyances lorsqu'elles prétendent faire la loi dans la pensée.

Imaginons donc que le parler nature se soit définitivement éteint: le vide créé attirerait tous les proches. Ainsi de l'Esprit, déjà bien mal en point, mais aussi du couple des deux et non un seul des termes en crise depuis longtemps – la nature, veuve de l'esprit, brûlée lors des funérailles!

Sous la nature, il y a les «naturels», et ils seraient touchés par la désaffection du terme générique qui les couvre. Les animaux en souffriraient. Déjà on a argumenté contre eux dans le cadre d'une croisade qui avait pour but de défaire une victoire électorale prévisible, celles des « écolos ». Il faut *être nazi* pour protéger les animaux et faire des lois en leur faveur ! Puisque les nazis y avaient pensé... les nazis ont en effet beaucoup « protégé », comme on sait ! Les Anglais, vrais protecteurs légaux des animaux, et même des hommes (*habeas corpus*), et notamment dès le début du XIXᵉ des femmes et des enfants dans le cadre de la législation du travail, ont dû apprécier l'amalgame.

En liquidant la « nature » comme catégorie de pensée, tous les naturels se retrouveraient à découvert. Kant a déjà montré qu'avec la cruauté envers les animaux, on touche à un indice ou un témoin d'immoralité, puisque celui qui se plaît à faire du mal montre qu'il est attiré par le mal et en ferait aussi bien, au sens cette fois moral du terme, à l'homme même, qu'il traiterait alors comme moyen pour ses fins mauvaises. Aussi les natures se touchent les unes les autres comme toutes elles touchent à l'esprit. L'atteinte au naturel hors de nous se répercute sur le naturel en nous ou même à ce naturel que nous sommes.

On aborde ici un autre rivage. Les dogmatismes positivistes, qu'ils soient « écologiste » ou généalogiste, sont loin derrière nous, à présent c'est le continent de l'expérience qu'il faut aborder, et éminemment l'expérience de nous-mêmes. De ce fait, on touche aussi aux « droits de l'homme » fondés dans ce que nous sommes pour nous-mêmes. Le petit rien, le petit mot nature dont on use sans précautions, au point de le jeter après usage, veut dire naître. Sans le naturel, nous ne sommes plus nés, avec les absurdités qui s'ensuivraient. Nul ne naît de ses propres œuvres et la « renaissance spirituelle » qu'on vise comme progrès de l'expérience n'a de sens que pour un être né. La nature est en effet notre cordon ombilical tant que nous sommes encore un peu *fœtus*. Cet état, moralement parlant, ne nous quitte jamais tout à fait, si bien que le cordon nous fait vivre. C'est l'argument onto-théologique dont l'aban-

don est plus coûteux que le maintien[1] : nés, nous apparte-
nons au domaine de tout ce qui naît et périt, nous sommes
par une source et pour une fin. C'est une manière finie de
se rapporter à soi, qui conditionne le reste et notamment les
prestations conceptuelles dont on s'enorgueillirait outre mesure sans cette mesure même. Identifiant cet ensemble plus
vaste que nous, englobant les autres périssables à une œuvre
unique, on a cherché à en rendre raison. Cette recherche du
comment et du pourquoi, des tenants et aboutissants a le
double aspect physique et moral qui donne la dimension
philosophique même. La métaphysique, comme recherche
et du premier principe et de la manière dont il distribue ses
conséquences jusqu'à notre existence problématique, tient
non tant à la simple faculté de raisonner « comme des
dieux », mimétisme qui ne trompe personne, qu'à celle de
s'interroger jusqu'au bout. A ce point de vue elle restera toujours « la désirée[2] ».

Comme le « dépassement de la métaphysique » reste au
programme des modernes, faute de recul, on imagine à tort
qu'il n'est pas digne d'un homme de ce temps (chaque
temps, chaque homme, sans doute !) de croire au Père Noël
et au transcendant. Les fils spirituels de Jacques Prévert s'en
voudraient d'entrer en transes sans danser. Lisant Heidegger
de travers (de l'impensé de la métaphysique à l'illettré des
universités) et uniquement comme un pourvoyeur de nouveaux préjugés pour mieux se débarrasser de l'héritage en-

---

1. Dans *Être et Temps*, Heidegger range la « pensée du temps » en tant que
ligne de démarcation entre régions de l'étant, fini et infini ou mortel et immortel, dans la métaphysique classique. Cf. p. 18 éd. Niemeyer, 2ᵉ ch. § 5 :
« *Die "Zeit" fungiert seit langem als ontologisches Kriterium der naïven Unter-
scheidung der verschiedenen Regionen des Seienden...* » Le « temps » fait depuis
longtemps fonction de critère ontologique pour différencier naïvement les
différentes régions de l'étant ». [Traduit par nos soins.]

2. Aristote appelle ainsi la métaphysique parce qu'elle serait *le* savoir, si
elle existait.

combrant de la tradition, on se fait fort de lézarder l'héritage onto-théologique dont fait partie l'appareil nommé *Nature*.

D'autres audacieux s'appuieront sur un Husserl retaillé à la mesure de leurs préjugés : comme la « nature » est indissociable, croient-ils, d'un « galiléisme » identifié au positivisme moderne, et hypothèque une authentique science de l'esprit, ils échangent ce à quoi ils continuent à tenir (la nature sans le positivisme) contre un autre thème séduisant, et voici : la terre ou la chair, le sol ou le socle. La *Krisis*, dont la démarche archéologique semble justifier ce retour au plus bas et au plus profond, leur fournit ce vocabulaire entièrement métaphorique auquel il n'y a plus qu'à ajouter l'émotion primaire qui en fait une arme anti-science au service d'un sursaut révolutionnaire contre *toute* la philosophie moderne excepté Nietzsche.

On fera remarquer en passant que cette ferveur de l'enracinement n'a que peu à voir avec le mouvement du scepticisme, qui trouve sur son chemin la nature lorsqu'il a fini de relativiser la coutume. En un sens plus rigoureux, c'est même tout le contraire : lorsque le Husserl de la *Krisis* achève le mouvement de la *skepsis*, traverse l'empirisme de Hume et de Locke et le retour kantien à l'expérience pour dégager ce qu'elle a de plus profond que la volonté de connaître, il ne trouve pas un « enracinement » ni l'absolue finitude de la chair, pas davantage qu'il ne s'arrête à la pure contingence : il veut fonder absolument et même autofonder.

Cela signifie bien que ce qui naît a besoin de justifier par la source et la fin une existence problématique, et non pas « absurde » au sens d'un défi au sens. On ne peut tourner le dos au naturalisme, il faut le retourner, lui, ce qui est tout différent. Le retourner, c'est le référer, comme connaissance du naturel à ce qui est la fin même de ce genre de connaissance : une mise au point sur les tenants et aboutissants de l'existence[1]. Celle-ci reste le premier problème ; elle n'est pas à déduire ou à expliquer par les causes, elle est ce qui s'explique soi-même avec soi-même lorsque la nature est interrogée. Le naturalisme ne peut nous éloigner de *nous* comme problème, puisque nés, nous sommes nature et puisque nés hommes, nous sommes ce pourquoi tout fait problème.

A l'explication avec la source se joint celle avec la fin : non le terme qui demeure la mort, mais la cause finale qui est l'existence comme problème. Cela fait faire retour à la question des « droits », évoquée plus haut, et qui semble cruciale tant la polémique va bon train sans l'éclairage approprié de la lanterne. Comment la nature comme *fait* ou comme force, ou comme volonté, fonderait-elle le droit ? Posé ainsi, le problème tournera nécessairement court. Rousseau a suffisamment dit que la force est bien assez grande pour se fonder toute seule, sans le « droit » vite identifié à une hypocrisie, et la scolastique marxiste, notamment, ne retient que cela, sans compter la variante tiers-mondiste (vos droits de l'homme, droits d'exploiter, etc.).

Si le droit « naturel » a besoin de fondement, par ailleurs, cela signifierait-il que la nature attend ce fondement d'une coutume ou d'une convention, par exemple d'un contrat social ? Hobbes dit le contraire, mais on ne veut pas voir la *réfutation*, on préfère l'apparence, la *doxa* vaguement hobbesienne.

En réalité Hobbes fonde bien la convention par la nature et non la nature par la convention. C'est en effet la nature qui est « légale » et non la convention, comme la fin du livre I et le début du livre II du *Léviathan* le montrent précisément. Nul « décisionnisme » dans le traitement de la ques-

---

1. Ortega y Gasset a, lui, bien compris en quoi la « nature » est équivoque en tant que référence pour problématiser l'existence, lorsqu'il distingue l'ontologie de la *res* et l'existence historique. Cf. « History as a System » (non traduit), in *Philosophy and History*.

tion, mais une simplicité d'autant plus biblique qu'elle prend ses termes dans l'Évangile. Du droit naturel à se conserver, qui demeure sans autre «fondement» que sa propre nécessité universelle, découle la loi naturelle qui le permet universellement sans pour autant en garantir l'application. La loi est légale, elle est légitimante, elle est cette fois droit «contre» le fait de l'exercice sauvage et anarchique des droits de tous. *Ne fais pas à autrui...* est la formule du droit lui-même, retourné vers son envoyeur : je veux mon droit donc je veux le sien, s'il est vrai que la nécessité universelle régit l'un comme l'autre. Comme il est faux que je veuille autant le sien que le mien, les conventions et la loi «naturelle» lient ma volonté à la sienne en se fondant sur l'universelle légalité de la nature. Le pacte social n'apporte rien de plus à cette véritable loi qui fonde le droit qu'une garantie, un sceau, et non une deuxième loi ou une première qui invaliderait toutes conventions antérieures : Hobbes est clair sur ce point, loi naturelle et civile ont le même contenu et la même nature, mais une inégale puissance de contrainte. Il n'y a pas de «décision de droit» pour trancher dans le vif des lois de nature.

Reste à dire pourquoi «se conserver» est un droit et non un instinct aveugle ou une force physique. Si la vie a une source, ce n'est pas celle-ci qui la conserve, puisque de la source on ne tire qu'une impulsion première. Le droit ne peut tenir qu'à la fin, la cause finale : c'est la représentation et bientôt la raison qui «fonde» en droit l'étalement dans le temps de l'impulsion primitive, la «conservation». Aussi la conservation est-elle chez l'homme le contraire d'une inertie, et non cette même inertie qui régirait tout type dans la nature. Le «né» ne fait pas qu'être et demeurer né, il «vit». Le droit de vivre excède en tout le *droit d'être né*, qui demeurerait instantané et sans objet. Aussi la dimension temporelle de l'existence inclut-elle tout le règne des modes, qui comprennent les pactes et les conventions, les usages et les projets, les représentations et les volontés : le droit de vivre implique toute l'historicité de l'existence humaine, passée, présente et future. C'est cela que garantit la puissance du Léviathan, sans avoir à apporter par un miracle l'absurde légitimation d'une décision arbitraire.

Par ces quelques esquisses, on voudrait dissiper l'équivoque d'un prétendu « naturalisme » censé fonder le droit et l'histoire, autant que justifier les prétentions du « naturel » à s'étendre sur la sphère de l'existence. L'effort humien pour traiter solidairement de la nature *et* de la nature humaine, prolongé par Husserl, met sur la piste de cette énigme : une nature fondatrice pour une existence problématique.

Les beautés de la nature
Herder-Heidegger

Que les beautés de la nature soient le signe de la perfection de son créateur, voilà qu'une théologie investit le champ de la physique, complétée d'une métaphysique. Les réalités sensibles rendent sensibles le principe suprasensible. Une théologie qui ferait de la nature le miroir du divin se convertirait donc en métaphysique, au risque de substituer la raison à la foi : remonter au principe inconditionné est autre chose que parler au cœur. L'expérience esthétique des beautés de la nature risque de radicaliser, et non d'atténuer une opposition qui couve depuis la Réforme entre deux théologies, celle de la raison et celle de la foi ou de la Croix.

C'est ce que relève le jeune Heidegger[1] en reprenant les termes de la condamnation portée par Luther contre l'*Épître aux Romains* de saint Paul. Ce dernier écrivait : « Depuis la création du monde, ses perfections invisibles, éternelle puissance et divinité sont visibles dans ses œuvres pour l'*intelligence* ».

A cela, Luther opposait quatre thèses, dont celle-ci : « Le théologien de la gloire qui adule esthétiquement les mer-

---

1. Comme le rappelle Andrew Barash dans son article « Saint Paul, Spinoza et l'absence de l'éthico-politique chez Heidegger ».

veilles du monde appelle le monde sensible Dieu ; cette sagesse, qui considère les choses invisibles de Dieu telles qu'elles sont comprises à partir de ses œuvres enfle, aveugle et endurcit totalement. »

La fausse théologie, qui associe la raison et les œuvres de Dieu, va prendre chez le Heidegger de la maturité, à partir de *Kant et le problème de la métaphysique*, la forme de la « métaphysique occidentale » qui s'identifiera, *via* le principe de raison, à la science et à la technique. Historiquement parlant, l'enjeu de cette dénonciation concerne toute la « science nouvelle » ou « nouvelle méthode » (*Nova methodus*), c'est-à-dire la pensée « moderne » en général, depuis Bacon. C'est lui qui l'oriente vers une double lecture du divin, à partir de l'analogie des deux livres, celui de la parole de Dieu (les Écritures) et celui des œuvres, la nature même, déchiffré par les sciences. La politique est également concernée, puisqu'elle entre dans le champ de la raison par le biais d'une cité savante appliquant la connaissance de la nature aux choses humaines, la santé, la prospérité.

La valeur du livre des œuvres pour la créature humaine, comme accès limité au divin, c'est d'indiquer quelque chose du destin du monde en éclairant les desseins du créateur, sa providence. En associant le déchiffrement de l'ordre du monde et l'éclairage sur le destin des hommes, la pensée moderne se situe d'emblée au-delà d'une opposition réelle mais secondaire : celle du causalisme et du finalisme, déterminisme et téléologie. En ce sens, le radicalisme de Heidegger est significatif : il récuse en bloc, comme « métaphysiques », les deux tendances rivales, expliquer par les causes et par les fins.

En témoigne l'embarras et la « duplicité » du Darwin de *L'Origine des espèces*, qui multiplie les citations en exergue [1].

---

1. Cf. La page de garde de l'édition Reinwald, 1887, trad. Barbier : Whewel, *Bridgewater Treatises*, Butler, *Analogy of Revealed Religion*, Bacon, *Advancement of Learning*.

La troisième est la plus générale, elle cite Bacon et pose qu'on ne saurait aller trop loin dans la connaissance des œuvres de Dieu. Mais les trois avancent qu'on peut connaître les œuvres (la Nature), par *ses propres lois* qui sont les lois mêmes de la divine intelligence. C'est un des secrets du «mythe de gauche» qu'a été le darwinisme à la fin du XIXᵉ siècle, ainsi que de la croyance en la valeur de Herder précurseur[1]. Toute la « Naturphilosophie » est à ce titre «libre pensée», c'est-à-dire soustraite à la tutelle de l'Église, mais conforme à la double voie d'accès ouverte par saint-Paul-Saint-Augustin[2].

Comment lire le «livre des œuvres»? A la question de la correspondance entre mathématiques et physique ou cosmologie, s'en ajoute une deuxième : celle des œuvres «contingentes», la géologie, la systématique animale, l'anthropologie et l'histoire même. Y a-t-il aussi un dessein lorsque l'écriture symbolique (le calcul logico-mathématique) est non pertinente, quand il s'agit de déchiffrer l'univers des formes et non le seul univers quantitatif (figure et mouvement), c'est-à-dire les *devenirs*[3]?

La position de Heidegger semble radicale : les «beautés de la nature» n'ont pas à être interrogées ou sommées de livrer leurs raisons, elles sont même l'occasion de relativiser l'emprise de toute raison en tant que représentation.

Pour faire image sans trop insister, je mentionne la stratégie de Heidegger dans la conférence de 1957 *Le Principe de raison* qui fait suite au cours du même titre. Il cite Goethe à

---

1. On consulterait avec profit sur ce point Max Rouché, *Herder précurseur de Darwin,* ainsi que l'ouvrage de Bärenbach, 1877.

2. On peut considérer comme querelle interne ou subsidiaire la critique de la téléologie par Kant, en fait critique de la théodicée. *La Critique de la faculté de juger* est complétée par *La Fin de toutes choses* et *L'Insuccès de tous les essais en matière de théodicée.*

3. Cf. *Monadologie* A11 et Heidegger, « Chemins : le mot de Nietzsche : Dieu est mort », p. 277, in *Chemins…,* Gallimard.

l'appui d'une thèse : l'homme du *Nachstellen*, qui « traque » la nature, l'homme moderne ou technique, est le mission- naire du principe de raison[1] : « Mais la science s'efforce et lutte, chercheuse infatigable, réclamant la loi et la raison, le pourquoi et le comment » *(Saisons et Journées de Chine et d'Allemagne, X)*.

Il insiste : « Comment ? Quand ? Où ? Les dieux restent muets !

Tiens-t-en au parce que, ne demande pas le pourquoi.[2] »

Enfin : « Puissante surprise. Quoi qu'il puisse refléter de fond en fond, depuis sa source,

Rien ne l'arrête, il court vers la vallée (le fleuve…).[3] »

Heidegger a donc « retourné » le poète Goethe, dont cha- cun sait qu'il a été aussi bien un éminent *Naturforscher* comme d'ailleurs Kant.

Dans le cours sur le *Principe de raison*, il cite le mystique du XVIIe (1624-1677), Angelus Silesius (ou Johann Scheffler), qui écrit en 1657 : « La rose est sans pourquoi, fleurit parce qu'elle fleurit, n'a souci d'elle-même, ne désire être vue[4]. »

Leibniz en fait un commentaire que Heidegger transforme en son contraire. Tandis que Hebel écrit que Silesius : « dit l'existence substantielle de Dieu dans les choses, l'union du soi avec Dieu et de Dieu avec la subjectivité humaine ».[5]

Leibniz évoque « ces métaphores difficiles et inclinant presque à l'*athéisme*[6] ».

Pour Heidegger, la beauté de la rose c'est le *parce que* sans le pourquoi ou *raison*. S'il choisit cette métaphore, c'est qu'elle apparaît comme le dépassement du principe de rai-

---

1. *Ibid*, p. 259.
2. *Recueil de sentences*, 1815, p. 264.
3. In *Sommets*, p. 265.
4. In *Le Pèlerin Chérubinique, Description sensible des quatre choses dernières*.
5. *Ibid*.
6. *Ibid*.

son et l'ouverture de la méditation sur le temps, le *weil,* du verbe *weilen,* durer.

D'où la question de la beauté sensible telle que Herder notamment la traite dans ses *Idées pour la philosophie de l'histoire de l'humanité,* livres I et II de 1784[1].

Max Rouché voit l'enjeu théologique et métaphysique des *Idées* quand il écrit :

« Quant à la "théologie dialectique[2]" de notre temps, elle affirme avec Luther que Dieu est par essence inconnaissable et que sa seule Révélation est Jésus. La position déiste et leibnizienne de Herder est en effet contraire à la notion luthérienne du *Deus abscundidus*[3], voire à toute orthodoxie ; car la Révélation permanente que constitue selon lui la nature finira par *rendre inutile à ses propres yeux la Révélation historique de l'Écriture* : ce n'est pas un hasard si la théologie naturelle de la première partie des *Idées* aboutit à la volatilisation du christianisme dans la quatrième[4]. »

Quelle est l'intention des *Idées,* que le même Max Rouché juge entièrement «périmées» aux yeux de la connaissance actuelle[5], mais qui témoignent d'un effort initial trouvant sans doute plus tard son aboutissement en termes de «connaissances»? Interrogeons quelques instants le texte. Herder veut sortir d'une impasse : « Tandis que la nature présente une ordonnance par les nombres, les poids et les mesures, que son essence, sa forme, son enchaînement et son cours semblent réglés, que la conservation des choses illustre la sagesse, la beauté et le pouvoir du créateur depuis le grain de sable jusqu'au Palais de l'Univers (*sic*), que sa

1. Après douze ans d'incubation (cf. *Plan d'études pour le jeune non Zeschow,* 1772 et *Une autre philosophie de l'histoire,* 1774).
2. Cf. Bultmann.
3. Incompréhensible.
4. Introduction (rédigée en 1949), p. 9.
5. «Les *Idées* sont depuis longtemps périmées et n'ont plus qu'une valeur de document historique», p. 7.

Puissance soutient les mondes et les soleils, que son art dispose nos organes et nos facultés, nous nous perdrions dans l'abîme de ses desseins, et dans la destinée générale de notre espèce, il cesserait d'être sage et serait sans plan ?[1] »

Ou encore : « Nous a-t-il portés à ignorer cela pendant qu'il nous a dévoilé ses desseins éternels dans les êtres inférieurs de la création ?[2] »

« En effet, où est l'homme qui distingue seulement le petit dessein de sa propre vie ? »

A ces questions, Herder répond : « l'homme n'est pas un insecte de terre... ni poissons et reptiles sans chef, troupeau sans berger. Il est le rejeton d'un pouvoir régulateur, formé pour poursuivre l'ordre ! Il a *mémoire* et *réflexion*[3] ».

Herder pose ces principes généraux :

– Il n'y a pas d'autre méthode pour lire le destin de l'homme, que de déchiffrer le *Livre de la création*.

– Il faut allier à la spéculation métaphysique l'expérience et l'analogie de la Nature.

– Les voies de Dieu sont visibles dans la Nature : les intentions divines sont actuellement déployées dans la chaîne de ses ouvrages[4].

Quant au fil directeur, c'est un « sentiment de repos dans le dédale de l'histoire humaine » : car les « grandes analogies de la Nature l'ont conduit à des vérités religieuses ». Herder a « obéi à cette lumière qui partout rayonne sur lui par la présence cachée du créateur dans ses ouvrages. Si elle s'élevait enfin sur nous comme un Soleil sans nuages ! ». Il s'exclame enfin : « Grand Être, je dépose à tes pieds l'ouvrage le plus imparfait qu'un mortel ait jamais écrit ! Tes desseins resteront et tu les dévoileras à tes créatures... ».

---

1. Préface, Aubier.
2. *Ibid.*
3. Herder a lu le *Discours de métaphysique* de Leibniz !
4. C'est (écrit-il) « le Livre Sacré dont je me *suis efforcé d'épeler les lettres* ».

Herder cherche et trouve le « fil directeur » pour parvenir à l'intelligence du destin historique des hommes, ces créatures qui ont à la fois le privilège de chercher le « pourquoi », et le handicap de ne le comprendre que dans le champ de la nature non humaine. Il faut obéir à la loi d'analogie qui mène de celle-ci à celui-là, de l'ordre naturel à l'histoire humaine. Le double mouvement du texte, c'est de s'enfoncer dans le sensible, êtres et relations, pour mieux dégager l'intelligible. Il y a une part d'obscurité et de nuit : la terre, les êtres qu'elle porte, des minéraux et des végétaux jusqu'à l'homme même en tant qu'animal doté d'organes, de sens, de connaissances sensibles. Il y en a une autre, lumineuse, énigme au ciel des idées. Herder joint ces deux moitiés, éclaire l'obscurité du sensible sans le quitter, en dégageant les relations qu'il manifeste si on sait concentrer toute son attention sur lui. Avant Feuerbach, avant Nietzsche, Herder a cherché le « sens de la terre ». Les premiers chapitres des *Idées* épèlent ces relations premières, élémentaires, si simples qu'elles se font facilement oublier. Le thème en est « notre terre », cette « étoile parmi les étoiles », séjour humain non pas accidentel mais essentiel, dont la contingence apparente ne va pas sans des raisons qui nous concernent comme hommes. En faisant de la terre la *place* de l'homme, non son lieu de rencontre fortuit, Herder rend raison de ses structures physiques, de ses sens, de leurs fonctions : à la distance du soleil à la terre, qui détermine l'intensité des rayons lumineux et leurs modalités dans le temps et l'espace, correspond notre faculté sensible, dont la perfection relative tient à ces limites mêmes[1].

Savoir regarder, ce n'est donc que l'exécution obéissante d'un contrat qui nous lie implicitement aux lois de l'univers telles qu'elles s'appliquent en tous lieux. Herder s'étonne du

---

1. « Mon œil est fait pour soutenir les rayons du soleil à *cette* distance. Mon oreille est faite pour *cette* atmosphère, mon corps pour *cette* densité. »

peu de clairvoyance des hommes qui, avant Galilée, avaient sous les yeux le spectacle de la rotation de la terre et de sa rotondité : l'ombre portée de la terre, variable suivant une périodicité régulière, ne se voit-elle pas sur la lune, tantôt disque brillant, tantôt simple croissant, selon notre propre position par rapport à elle[1] ?

Cette «position», cette *place* qu'occupe la terre avec ses habitants, n'est pas centrale, puisque notre planète, poussière dans un flot d'astres, gravite parmi d'autres autour du soleil. Il en ressort qu'aucune « magie » héliocentrique, inscrivant les planètes sur une échelle hiérarchique comme si elle pouvait adopter le point de vue du Dieu Soleil, ne répond à la vision que nous avons depuis notre véritable place. « Nous sommes dans la foule et pas au centre, nous suivons le flot[2]. » De proche en proche, en suivant les relations du senti au sentant, puis du sentant à l'intelligent, Herder en déduit la juste proportion de nos facultés supérieures : l'alternance du jour et de la nuit étant ce qu'elle est, ainsi que la variation saisonnière de l'ensoleillement, notre pensée même en dépend : alternance du sommeil et de la veille, vitesse modérée de l'enchaînement des idées. L'intelligence terrestre est «moyenne», appropriée aux rythmes et à la durée de la vie qui s'y déploie. De cette médiocrité parfaite en son genre, Herder tirera plus loin des conclusions géopolitiques inattendues : puisque la proportion et la moyenne gouvernent cette terre, à quoi bon ces grands empires, ces conquêtes territoriales, ces despotes aux ambitions planétaires[3] ?

Cela tient, entre autres, à ce que «l'unique soleil frappe différemment», selon la place qu'occupent les nations sur la terre : à chacun sa place ! Car « de même que la sphère

---

1. Cf. ch. IV : « Le devenir ».
2. Ch. II.
3. «Rien ne semble... plus manifestement contraire au but des gouvernements que l'agrandissement contre nature des États, le mélange affreux des diverses variétés d'hommes et de nations unies sous un seul. »

tourne, tournent aussi à sa surface les têtes et les climats, les mœurs et les religions comme les cœurs et les coutumes ».

Herder n'affecte pas simplement une place, et une seule, à chaque homme alors restreint à son type local, ses coutumes, ses mœurs et ses lois : si la Terre tourne, c'est aussi l'exemple d'un universalisme historique, les peuples tournant aussi, émigrant, évoluant. Mais une indolence naturelle, image de la pesanteur, vient faire contrepoids au mouvement, et le leste : les peuples itinérants continuent d'aimer leur terre natale. Il n'affecte d'ailleurs pas particulièrement « une place » quelle qu'elle soit, à tel homme, tel peuple, ni d'ailleurs ne prive qui que ce soit d'une place quelconque sur terre, que ce soit juif, tzigane, prolétaire, fou, criminel : il n'inaugure pas la pensée de la sélection naturelle, ni de la sélection tout court, qui fait écrire à Malthus que tous n'ont pas leur couvert « au banquet de la vie ». Au contraire, en tenant compte de la place telle qu'elle est déjà occupée par chaque être de la création, qu'il soit fixe ou mobile, stable ou changeant, Herder veut lire le destin en même temps que l'harmonie du tout, tels qu'ils se voient en chacun de ses points. En « bon » leibnizien, il considère en chaque être un miroir de l'univers, qui nous renseigne sur lui et son ordonnance nécessaire pour autant qu'il constitue une perspective unique, un microcosme. Rien n'est sans raison, rien n'échappe à l'universel accord dont nous cherchons la preuve parce que notre avenir nous échappe et nous inquiète.

En cela, il illustre en un sens le propos de Heidegger qui juge que le principe de raison est le pilier de la métaphysique, en l'identifiant à un refus du vrai sens de la temporalité, qui fait de l'existence un *projet* et non un destin écrit, lisible, prescriptif. Les beautés de la nature ne sont pour Herder ni un exemple de liberté et d'insouciance, ni le témoignage d'un règne de l'innocence d'où l'homme aurait été banni : elles sont un chiffre, une composition à déchiffrer, d'autant plus que parmi ces beautés, il y a la nôtre en tant que créatures sensibles dotées de facultés physiques et morales dont il faut admirer la modeste et parfaite ordonnance. La nature est symbole, nous l'accomplissons en la saisissant et en la prolongeant.

C'est en un autre sens qu'il confirme le diagnostic de Heidegger concernant le principe de raison, qui veut que toute chose existante ait des raisons d'être ainsi et non autrement et les trouve dans l'harmonie du monde. Herder a voulu constituer une philosophie de l'histoire. Ses *Idées pour la philosophie de l'histoire de l'humanité*, qui s'opposent en maints points à la téléologie «naturelle[1]» que proposait Kant dans son *Idée d'une histoire universelle d'un point de vue cosmopolitique*, réinstaurent une théodicée en justifiant aussi bien les existences naturelles que les historiques d'un point de vue esthétique et moral. Par une analogie fondée dans la nature des créatures, il passe de la thèse du meilleur dans la nature à celle du meilleur dans la moralité, c'est-à-dire dans le monde moral historiquement considéré. Kant, lui, disjoignait les deux et ne cherchait dans le dessein de la nature que la condition préalable à un accomplissement moral fondé non sur l'harmonie, mais sur la liberté. Herder donne raison d'avance à Heidegger, qui étend la portée de la métaphysique et fait des «historicismes» autant de réalisations de son programme refondé dans les temps modernes sur la subjectivité. Heidegger instaurait une filiation[2] entre la monadologie de Leibniz avec son identification de l'essence de l'étant à l'appétit *(nisus),* et les philosophies du Sujet, que ce soit le savoir absolu hégélien ou la volonté de puissance et l'éternel retour nietzschéen. Herder qui dissout l'ordre du

---

1. C'est la nature en l'homme, l'insociable sociabilité, qui conduit à la liberté en formant son caractère.

2. Cf. « Le Mot de Nietzsche : Dieu est mort », in *Chemins qui ne mènent nulle part.*

monde, physique et moral, en une foule d'étants tous «centraux» et animés d'une volonté qui leur est propre en même temps qu'elle « consonne » avec l'harmonie universelle, accomplit la fusion de la subjectivité et de la volonté dans le concept d'une histoire de l'humanité qui culmine dans la destitution de l'autorité des Écritures, si bien que métaphysique et théologie s'éliminent mutuellement pour laisser place à un historicisme absolu.

Les idées de Herder illustrent une alliance surprenante : cette «pensée de la Terre», écologique avant la lettre, soucieuse de « sauver le sensible » en l'homme et hors de l'homme, est rigoureusement conforme au principe de raison : elle porte jusqu'au contingent, au limité, un regard métaphysique soucieux de la facticité de l'existence et de ses raisons d'être, existence qui est à soi-même sa «raison» ou fondement : mais il faut élargir le champ de la métaphysique. Non seulement elle contient l'effort scientifique et technique fondé sur le postulat de la causalité et de la légalité des phénomènes, mais jusqu'à l'effort écologique pour justifier l'existence factice des êtres finis qui forment l'environnement de l'homme et lui confèrent en retour sa propre finitude. Le thème écologique des beautés de la nature telle quelle, sans l'apport artificiel d'un homme producteur tout-puissant, trouve en Herder son premier avocat, et met tout le contingent dans l'orbite d'un principe de raison émancipé des bornes d'un cartésianisme réduit à la «maîtrise et possession». La beauté de la nature renvoie l'homme à sa place, sa propre place, au sein d'une création faite pour être «gardée» en chacun de ses points. L'idée que l'homme, comme créature, doit «trouver sa place» signifie qu'il n'est pas partout à sa place, comme le laisse croire une certaine caricature de cartésianisme, réactivée par la critique de l'omniprésence planétaire de l'homme occidental fort de ses techniques. A vrai dire Descartes logeait bien l'homme en une place déterminée de la nature, puisque l'union de l'âme et du corps donne à chacun un lieu et un seul, défini par sa propre étendue corporelle. C'est aussi le secret de la maîtrise de la nature, puisqu'elle permet d'agir non tant sur toute l'étendue que sur celle qui conditionne le libre exercice des facultés de l'esprit: précisément celle du corps soumis aux vicissitudes de sa santé. Herder ne va donc pas absolument contre la philosophie scientifique des modernes, mais il ajoute la terre, comme catégorie sensible, à l'arsenal de la métaphysique et s'en sert comme fil conducteur pour déduire la destinée humaine dans sa finitude et sa facticité.

En inaugurant une pensée du «lieu et place» de chaque créature, de l'homme en particulier, Herder éclaire d'avance les problèmes du darwinisme, qu'on peut identifier avec D. Lecourt comme véritable commencement d'une pensée de l'économie naturelle. Aussi est-il utile de revenir sur cette idée que chaque être se définit par une «place», un *locus* dans l'économie d'ensemble de la création. Ce que Darwin a en commun avec Malthus, suppose-t-on, c'est de partir du «manque de place» que la nature offre aux créatures qu'elle abrite: toutes n'ont pas leur couvert au banquet de la vie. D'où l'étude des mécanismes de sélection naturelle, mais inspirée de celle qui a cours chez les éleveurs et donc artificielle. Sous ce jour négatif d'un «manque de place», d'ailleurs compensé chez Darwin par une capacité reconnue des espèces variables à inventer des places inédites pour correspondre à des atouts nouveaux dans la lutte pour l'existence, l'idée même que la nature se compose d'une série organisée de «places» reste valable et même principielle. Ainsi, Herder étend le principe de raison à l'intelligence de la terre, et Darwin en reprend l'examen dans son enquête sur l'origine des espèces, puisqu'il cherche comment les places sont aussi bien définies qu'occupées, avec le chassé-croisé que comporte la variabilité des espèces. En d'autres termes, Darwin enquête sur les raisons de la «lutte pour l'existence» et en étudie dès lors l'économie, fondée sur la rareté des places ainsi que sur leur évolutivité, dans le sillage de la percée de Herder.

Y aurait-il une complicité inattendue, sans parler d'harmonie, entre la théologie rationnelle ou déchiffrement du livre des œuvres, la métaphysique fondée sur le principe de raison, et la double entreprise dont l'unité est la plus problématique : la lecture mathématique de l'univers physique, et la lecture téléologique, en termes de « place dans le monde » ou même sur la terre, du monde vivant, dans sa contingence et sa finitude ? Il en ressortirait qu'une écologie a elle-même sa place toute trouvée dans l'économie d'ensemble de cette pensée fondée sur les raisons des choses, et ne saurait sans ingratitude se retourner contre l'entreprise logico-mathématique de fonder en raison les êtres de la nature : elle a sa place aux côtés des sciences de la nature, et non du côté d'une « pensée de l'absurde » qui veut couper l'existence de ses raisons d'être.

Il est intéressant de retrouver dans ce Herder, penseur de la beauté de la nature et de l'historicité de la volonté, un ancêtre d'une pensée écologique bien loin de se douter qu'elle « accomplit la métaphysique occidentale », elle qui croit l'avoir en horreur. Sur ces questions qu'on peut appeler d'histoire de la philosophie au sens large, si elles portent en même temps sur les sciences et en général sur l'ordre des choses, la leçon heideggérienne est utile à connaître et à expérimenter.

II

Technique

L'industrie

Pour obtenir la généalogie des positions de Heidegger concernant la «question de la technique[1]», partons d'une «situation» de la question, qui engage le XXᵉ siècle. Et surtout, partons non d'une vraie *pensée*, mais d'une opinion ou croyance invincible de l'homme moyen, du sentiment qu'a l'homme moderne, pourtant né dans un monde industriel, de la voir toujours gagner du terrain : il pense qu'un abus de pouvoir est commis sur les objets de sa vénération, les lieux auxquels il est attaché, les objets, le «cadre de vie». Son sentiment s'accompagne nécessairement d'une vue contrastée qu'il projette dans un passé d'avant *toute* industrie.

Il ne s'agit pas tant chez lui de nier l'universalité de la «culture», y compris technique, que de poser un «avant» où l'industrie, cantonnée dans des limites légales écrites ou non écrites, s'interdisait ces débordements dont elle lui apparaît invinciblement responsable. La projection rétrospec-

---

1. Titre choisi en traduction par André Préau pour *Die Frage nach der Technik,* in *Essais et conférences,* Gallimard, 1962, première édition 1949. Une édition en allemand reprend deux conférences qui faisaient un tout à l'origine, sous le titre *Die Technik und die Kehre.* Ed. G. Neske, Pfullingen, 1962. L'édition française de la même époque n'a pas repris ce couplage de textes.

tive va de pair avec la saisie d'un présent homogène caractérisé par son expansion, un régime de menace latente jamais conjurée. Il est alors nécessaire que le contraste entre la projection prospective et son symétrique rétrospectif oppose à l'industrie comme histoire ou «destin» présent, un mode de produire qui ne soit pas littéralement «industriel[1]» et conserve jusque dans les manières artisanales et les gestes techniques les plus évidemment productifs quelque chose d'irréductiblement autre, la marque d'un destin historique aboli dont l'industrie constitue, davantage que la négation, l'oubli ou l'oblitération. C'est cette double dimension d'amnésie et de destination détournée qui fait du passé préindustriel l'indication interrompue d'un autre destin, confirmant l'existence présente de celui plus funeste qui efface le sacré de la vie au profit de l'inhumain, de l'anonyme et de l'impersonnel.

Conformément à cette exigence de symétrie, une «philosophie» ou plutôt une fantasmatique de la production préindustrielle ne doit pas tant mettre en avant une finalité productive plus humaine qu'un effacement de la production même devant une puissance qui confère à l'homme artisan une fonction sacrée dont le perfectionnement industriel sera l'oubli en acte[2]. C'est ainsi qu'on peut interpréter l'effort du philosophe-phénoménologue contemporain, aussi bien d'ailleurs le Husserl de la *crise de l'humanité européenne* que

---

1. Le terme «industrie» est pris ici dans le sens que Marx lui donne pour caractériser la phase «machiniste» de la production, par opposition à la phase «manufacturière»; cf. *Capital*, Livre I, ch. «Machinisme et grande industrie». La fixation de terminologie prend chez Marx un tour décisif parce qu'il s'oppose à ses prédécesseurs en tant que penseurs des seules «manufactures».

2. «L'artiste n'est pas un *Teknites* parce qu'il est aussi un artisan, mais parce que le faire-venir des œuvres [sic], aussi bien que le faire-venir des produits advient en cette production qui, dès l'abord, fait-venir [sic] l'étant dans sa présence, à partir de son visage [sic]. *Chemins...*, p. 66.

Heidegger, pour gommer dans les textes grecs concernant la production ce qui renvoie à la fonction civique et au genre de vie réalisé par et dans les produits artisanaux : une telle référence à la complémentarité organique des acteurs, des objets du travail et des consommateurs ou clients, par le biais d'une adéquation perfectible des besoins, des talents et des moyens techniques, ouvrirait trop abruptement sur une ligne directrice historique qu'on nomme « progrès », un positivisme historique, qui mettrait en continuité, comme autant de *degrés*, des modes de production plus ou moins mécanisés mais jamais purement manuels (la technique est outillée depuis la préhistoire) reposant tous sur la définition de l'humain en termes de besoins et de capacités.

De fait, si on donne pour « pensée grecque », au sens d'un destin oublié de l'humanité, les textes fondateurs d'Aristote, notamment *La Politique*, il est inévitable de faire entrer en ligne de compte, dans les énoncés concernant la production artisanale, ce qui fait la nécessité future d'un développement industriel en continuité avec les procédés de métier à l'œuvre dans la cité grecque : la libération des contraintes et des peines qu'impose au citoyen son état de pénurie naturelle ou son incomplétude individuelle par la mise en commun de talents sans usage ni application hors du cadre *vraiment* naturel, celui de la Cité, s'il est vrai que l'animal humain est bien politique *par nature*. Tout au plus, on fixera des limites qui ont trait à la différence entre ce qui rend service et ce qui enrichit sans profit autre que *chrématistique*, ce que fait Aristote[1].

Dès lors, si on fétichise les origines, la référence au naturel et à la nature doit être déplacée le plus loin possible du point de départ de la continuité historique constituée par l'enchaînement des formes de production. C'est dans un

---

1. Cf. *Politique*, Livre A, VIII, « Économie et Chrématistique », éd. bilingue Les Belles Lettres, 1968, p. 23-24.

face à face du «technicien» et de ce à quoi son geste donne lieu qu'Heidegger, penseur du destin occidental industriel, cherche et trouve la sacralisation d'une *nature* qu'auraient oubliée les hommes soumis à l'impératif de l'appareillage technique (*Gestell)*[1] et la trouve dans un terme englobant qui est la *teknè* comme «art».

De même que la «technique» prend dans la modernité un sens extensif qui perd de vue la compétence et le talent individuels au profit d'une emprise «totalitaire» inséparable du concept industriel[2], de même et symétriquement, elle se trouve identifiée, dans la pensée «grecque» qu'on prétend reconstituer, non tant à la compétence artisanale garante de la qualité du produit qu'à ce type de «cause» ou garantie qui transpose dans le domaine de l'artificiel ce que seule la «nature» au sens végétal (la fleur, toujours elle, la «petite fleur bleue! ») présente dans son absolue simplicité: l'unité immédiate de ce qui provoque et de ce qui est provoqué, de l'apparaître et de ce qui fait apparaître[3]. On préfère ignorer

---

1. Le terme *Gestell* est à la fois si décisif et si équivoque que Heidegger est obligé d'en faire lui-même l'historique, non sans embarras. Cf. p. 95, éd. Gallimard des *Chemins...*, *Supplément à l'origine de l'œuvre d'art*. Il écrit notamment: «Nous ne devons pas laisser échapper comment l'être qui détermine les temps modernes, l'être comme *Gestell,* provient du destin historial de l'Occident, n'est pas un produit abstrait de la pensée des philosophes, mais est bien dispensé à ceux qui pensent (cf. *Essais et conférences,* p. 28, 53 sq.)» *Ibid,* p. 96. En d'autres termes: les philosophes sont abstraits, mais lui parle pour les choses mêmes! Ne demandons pas les preuves.
2. Le *Betrieb* comme définition des temps modernes, cf. *Époque* p. 110 éd. française, Gallimard, et p. 282, même volume, in « Le Mot de Nietzsche : Dieu est mort ».
3. C'est surtout vrai dans un texte ultérieur, *Le Principe de raison*, Pfullingen 1957. Cependant, citons *La Question...*, p. 16: «Une production, *Poiesis,* n'est pas seulement la fabrication artisanale, elle n'est pas seulement l'acte poétique et artistique qui fait apparaître et informe en image. La *physis*, par laquelle la chose s'ouvre d'elle-même, est aussi une pro-duction, est *poiesis*». CQFD.

que s'il y a des roses, c'est que depuis des millénaires, on a
«amélioré» les églantiers! Ainsi la principale qualité de l'artisan en tant que cause d'une apparition ou parution, c'est
de se retirer autant que faire se peut, par l'unité de sa «réflexion», de tous les apparaîtres responsables de ce qui finalement est «produit» ou mis en jeu, derrière ce nouvel être
auquel sa *teknè* donne le jour et sans empiéter sur son autosuffisance quasi physique. C'était déjà le thème de *L'Origine
de l'œuvre d'art*, où l'efficace technique était minimisée au
profit de «l'œuvre». Quinze ans après, *La Question de la
technique* accentue encore le trait en reprenant la réfutation
de la théorie scolastique des quatre causes qui était entamée
dans *L'Origine:* la «cause efficiente» n'est rien, l'artisan n'est
que celui qui «rassemble» les autres, la matière[1], la forme et
la quiddité[2]».

Dans cette pseudo-pensée «à la grecque» de la *teknè,* qui
n'est ni la technique industrielle, ni sa forme artisanale
d'origine, ni même l'art au sens moderne mais magie et religion, la production est par son essence même, Nature. L'autosuffisance de ce qui paraît trouve dans la fleur imaginaire,
la «rose sans pourquoi» du *Principe de raison,* l'excellence et
la perfection de ce qu'elle approche grâce à l'effacement respectueux de l'artisan. Encore celui-ci n'est-il en rien identifié au détenteur d'un de ces talents de métier que le processus industriel portera à son paroxysme pour enfin le
fusionner avec l'accomplissement automatique d'un procédé

---

1. «L'orfèvre considère et il rassemble les trois modes mentionnés de "l'acte
dont on répond" *(Verschulden)*. Considérer *(Überlegen)* se dit en grec *Legein,*
logos et repose dans l'*apophainestai,* dans le faire-apparaître, p. 14, *ibid.*

2. La question de la causalité est incessamment reprise et re-critiquée par
Heidegger, qui tantôt accuse et tantôt excuse Aristote. Ce serait tout un travail d'indiquer les moments de cette rumination, mais on peut ici indiquer
que, dès *Être et Temps,* le *Zuhanden* est à la racine d'une interprétation de
l'étant en termes de «finalité», donc de «cause finale», d'où les catégories de
l'ontologie causale critiquées dans *L'Origine de l'œuvre d'art.*

analysé de part en part. Plus exactement, cette démarche analytique ultérieure est dans le texte heideggérien indiquée d'entrée de jeu, sous une forme mystifiée, comme condition de l'efficace de la *teknè* : c'est ainsi que par sa « pure réflexion » il laisse jouer librement la hiérarchie des causes matérielle, formelle et finale, dont l'ordre seul est d'ailleurs entériné. Mais cette idéalisation anachronique d'une capacité qu'on pourrait croire analytique chez l'artisan de métier sert un point de vue tout opposé : la chose se produit *par* l'artisan parce qu'elle se produit *sans* lui, s'il fallait la prendre comme cette cause efficiente que ne connaît pas la pensée grecque et pour laquelle elle ne dispose pas même d'un nom[1].

Ainsi se trouve divinisé le paraître même de ce qui est « produit », au sens d'un passif comme d'un substantif. Parce que c'est cette parution même qui manifeste le secret de l'être, à savoir passer du caché au non caché, « se désocculter », n'est autre que la puissance même de dévoiler, que l'homme producteur révèle par sa réflexion efficace (cf. *L'Origine*). Ainsi lui-même se fait servant de la Nature, ou encore de l'art, conçus comme auto-dévoilement. C'est cette discrétion et cet effacement quasi religieux devant le mystère de la parution qui marquent l'humanité de l'éthos producteur.

Ces réflexions qui se veulent aristotéliciennes en rétablissant la vraie pensée des causes, et le sont si peu parce qu'elles laissent entièrement de côté la spécificité de la *nature* de la Cité qui donne sens à toute *teknè*, ne prennent sens que comme contrepoint rétrospectif d'une appréhension sans concept[2] de la modernité industrielle.

---

1. « La doctrine d'Aristote ne connaît pas la cause que ce nom désigne *(id est : causa efficiens)*, pas plus qu'elle n'emploie un terme grec correspondant. » *Ibid*, p. 14.

2. La phénoménologie veut qu'on recueille le sens, sans construire avec des concepts « abstraits » : n'est-ce pas la porte ouverte à toutes les inventions ou idéologies intéressées ?

C'est bien à un basculement catastrophique, sans transition et sans nuance, que procède le penseur de la technique lorsqu'il aborde le second mode ou le second destin du produire, celui à partir duquel nous faisons l'effort manqué d'une anamnèse, sous la forme d'une fiction philologique où le « Grec » serait l'élément d'une pensée perdue et pleine[1].

De même que toute la description du mode grec de la production comme mise en scène de la nature même aboutissait à privilégier ce qui vit de soi et par soi au sein même de l'activité de l'art, de même, celle de l'industrie moderne met en relief l'extinction de cette vie propre dès lors que l'« appel » (traduction possible de *Gestell*, l'appel sous les drapeaux) qui mobilise l'homme productif, l'a lancé à la « poursuite », *Nachstellen*[2], de la nature.

Vis-à-vis de cette nature qu'on pourrait concevoir sur le mode grec comme une puissance première et supérieure à tout art, l'industrie (l'« essence de la technique », le « destin des temps modernes ») apparaît comme une outrance absolue et insurpassable. Elle est absolue parce qu'elle est insurpassable : toute puissance autre a été retournée et absorbée en elle dès le principe, et c'est même le concept de la nature dans la modernité que de constituer cette étendue sans intérieur (l'intérieur, c'est le « sujet » même, l'*upokeimenon*) entièrement livrée au caprice ou désir, *nisus*, de l'homme industriel.

Dans la mythologie contemporaine dont Heidegger est l'herméneute sans le dire, l'acte de naissance de l'homme

---

1. *Ibid,* p. 19 et suivantes.
2. Cf. Die Kehre (« le tournant »), in G. Neske, *op. cit.,* p. 37 à 47. Ex. p. 42 : « *Wenn sonach die Gefahr als die Gefahr ist, dann ereignet sich eigens das Nachstellen, als welches das Sein selber seiner Wahrheit mit der Vergessenheit nachstellt* ». Que le danger soit en tant que danger, c'est alors qu'a vraiment lieu la traque qui est l'être même en tant qu'il traque de façon oublieuse sa vérité.

qui se saisit comme « moderne » c'est la naissance de la *science* de la nature. Mais cette naissance n'est en rien constituée par l'apparition de conditions d'une objectivité de la connaissance, telle par exemple que le « langage » des choses, mis en accord avec celui que les hommes se tiennent à eux-mêmes, comme deux joueurs lisant la même partition. Si la pensée classique était sur la piste de l'objet à connaître, si la pensée réflexive kantienne cherchait à dégager les conditions de possibilité des performances objectives déjà obtenues de la pensée, sous la forme de la physique newtonienne, l'homme moderne comme tel n'a pas tant à réfléchir sur le mystère d'un tel accord des objets et de sa subjectivité que sur le fait, qui le constitue lui-même, d'un évanouissement universel des objets, et donc sur la réduction *radicale* du problème de l'objectivité. Dès lors, c'est dans un affrontement désespéré avec sa propre puissance subjective et collective que cet homme, comme individu pensant, voit vaciller tout ce qui était stable sous la menace d'une emprise latente jamais lassée de s'accomplir. Que la chose ainsi crainte comme une menace prenne la figure empirique de l'industrie ne fait que renvoyer à cette naissance de la science moderne et à son paradoxe : elle précède, dans le temps, la « technique » machinale, l'automatisme, la « grande industrie » dominatrice. Elle semble donc fonder cette puissance temporelle, lui servir de condition, étant elle-même vouée à la contemplation « désintéressée » ou théorétique de l'essence des phénomènes. Mais déjà, son appréhension d'une telle essence renvoie à la réduction de toute « objectivité » à une calculabilité, donc une manipulabilité. C'est ce que Heidegger a établi dans les *Chemins*, *L'Époque des conceptions du monde* (cf. Introduction), en 1939. Ce serait trop respecter les formes apparentes que de distinguer, dans l'objet de la connaissance, ce qui apparaît en tant que phénomène, et ce qui est en soi sans apparaître : ce serait, paradoxalement, faire de l'objectivité une intériorité dissimulée sous une surface visible tournée vers nous, tandis qu'au rebours ce qui est, pour la conscience savante, une manière de respecter ce qu'est l'objet en soi, se donne à la conscience moderne réfléchissant sur son historicité, comme l'amorce d'une mise à disposition universelle de tout ce qui peut tomber sous le sens[1]. Le face à face que constitue, pour un sujet qui se croit théoricien, l'objectivité comme façade cède le pas à la solitude radicale des sujets techniciens, face à un étalage de biens périssables livrés à leur toute-puissance arbitraire. Le monde est pour l'homme de l'ère technicienne comme une vitrine pour un enfant gâté : rien ne le tente, tout est d'avance consommé, et c'est à l'écart de toute loi, dans la pure vanité du désir (*nisus*) sans *objet,* qu'il constate l'absence d'intériorité d'une chose livrée intimement à sa problématique convoitise. Ce sentiment est final, il résulte de l'épreuve achevée de l'objectivité, de sa résolution en une pure mise à disposition.

Se tenir comme un fonds, ce n'est plus nous faire face comme objet : *Was im Sinne des Bestandes steht, steht uns nicht mehr als Gegenstand gegenüber*[2].

En une formule, Heidegger décrit la fin de l'illusion d'une objectivité du monde à l'ère technicienne. Le *Gegenstand* se tenait face à nous et « contre » nous, sur son quant-à-soi, abrité dans son intériorité. A l'opposé, le *Bestand,* qui demeure certes sous le regard à l'instar de l'objet, n'est *que* ce qui demeure ou ce qui reste. Le destin de cette subsistance ou substance n'est pas comparable à celui de la substance dont on prenait connaissance par ses modes et accidents. Subsister, demeurer ne désignent précisément qu'un « destin », un avenir d'évanouissement et de retour dans le « sans objet », qui constitue le terme, initial et terminal, de

---

1. Cf. « Hegel et son concept de l'expérience », in *Chemins…*

2. Ed. Neske, p. 16 : ce qui « tient » au sens du fonds ne nous est plus en vis-à-vis comme un objet.

la production. Aussi ce suspens temporel le constitue-t-il comme *fonds* : le *Bestand*, qui résiste encore à l'anéantissement puisqu'il demeure disponible, est néanmoins sans autonomie, sans intériorité, sans quant-à-soi : sans *vie* (la « vie », elle, est volonté, mais « volonté de puissance »). Son statut, son *Stand*, est alors, et selon l'esprit de la langue, identique à celui de ces biens sans vie qu'on consomme sans qu'ils puissent eux-mêmes consommer, puisque ce n'est pas au sens organique qu'est à prendre l'acte du vivant consommateur, mais en un sens proprement humain caractéristique : au sens de la *volonté*. Ils ont le statut de marchandises ou de lots détenus en « stock » ou en réserve, *Bestand*, en magasin et non en « rayon », tel qu'un inventaire puisse en être dressé. Le tableau de cet inventaire peut alors servir à toute « commande » ultérieure, il désigne les articles qui le constituent comme *bestellbar* : commandables, tel ce Rhin légendaire, celui de Hölderlin, devenu comme un plat à la carte des agences de voyages qui en livrent l'accès au tourisme[1]. La commandabilité de toutes choses n'est pas « nature » au sens de l'ensemble des phénomènes livrés à l'« expérience », abstraction faite de ce qu'ils sont indépendamment d'une telle possibilité d'expérience. Être « nature » devient le corrélat de ce type nouveau d'expérience qui substitue à la pure représentation, une consommation et un anéantissement à volonté distincts de toute utilité organique.

Appréhender l'industrie comme une menace inévitable pour tout objet encore désiré, pour le monde affectif et passionnel qui est le cadre de la vie « humaine » personnelle, c'est alors confier à la « réserve » qui demeure disponible le

---

1. P. 15, ed. Neske : « *Der Rhein... als Bestellbares Objekt der Besichtigung durch eine Reisegesellschaft, die eine Urlaubsindustrie dorthin bestellt hat.* » « Le Rhin [pris comme] objet de visite dont on passe commande auprès d'une agence de voyages, qu'une industrie des loisirs a commandé de là-bas. »

secret d'une vie qui s'est réfugiée dans le sujet même, au sens où il n'est pas le détenteur et le gérant de la nature mais un « berger de l'être ». Si cette vie qui habitait fondamentalement la *teknè* au sens aristotélicien, qui constituait l'intérieur et le quant-à-soi de l'objet d'une expérience représentative, a définitivement déserté le magasin de la nature, si d'autre part l'homme de l'appareil (du *Gestell*) ne répond à une injonction de commander, gérer et anéantir que parce qu'il se distingue lui-même fondamentalement de tout ce qui est « nature », au sens de la précarité désespérée d'un « intérieur » toujours menacé d'effraction, la vie, celle à laquelle on s'attache comme au prix de l'existence, manque de lieu pour se fixer. Des alternances d'enchantement et de désenchantement marquent le sentiment sans objet de trouver de la vie ici ou là sous la menace de l'anéantissement universel, et parce que la menace n'est encore que menace. La vie devient réserve, la réserve devient vie. A l'époque des « parcs naturels », régionaux ou nationaux, et des écomusées, nul ne peut nier l'insistance et la vacuité décourageante des efforts pour redonner à la vie un support et un lieu. Le désir d'enchanter le monde, dont la retombée produit amertume et désenchantement, va de pair avec la saisie du nouveau sujet humain comme seigneur de la terre, *Herr der Erde*[1],

---

1. *Ibid*, p. 26 : « *Der Mensch... (ist) nur noch der Besteller des Bestandes* »... « *Indessen spreizt sich gerade der so bedrohte Mensch in die Gestalt des Herrn der Erde auf* ». « L'homme n'est plus que le tenancier du fonds... c'est alors que cet homme si menacé se rengorge (et pose en) seigneur de la terre. » Qui est ici attaqué : l'homme moderne en général ? L'homme qui croit à la prescription des Écritures, et devient maître de la Création ? L'homme qui a dompté en apparence la technique et s'en sert pour « régner » sur les nations ? Au titre de l'accusation de double langage de la part de l'herméneute, il faut ajouter ici une pièce au dossier, c'est ce qu'il écrit en 1939 (*La Technique* est de 1949) : « la moderne économie machinaliste... exige une humanité neuve... qui aille au-delà de ce que l'homme a été jusqu'alors... il y faut une humanité qui soit foncièrement conforme à l'essence fondamentale sin-

bande armée qui traque partout le naturel et l'asservit avant de l'anéantir. Ce paradoxe assaille alors ce «seigneur», en tant qu'homme privé, doté d'affectivité : si l'industrie, pour accomplir sa mission anéantissante, doit préalablement conserver, stocker, geler ce qu'ensuite elle métamorphosera, c'est cette conserve, ce stock et ce gel qui pour sa sentimentalité truquée deviennent symbole et intimité du «naturel» traqué. Au sein de l'universelle spéculation, ce coin de paysage, gelé et stocké dans l'état, sera dit «nature»! Pour le sentiment, la nature à l'ère industrielle est un surgelé qui attend le dégel.

Si le sentiment se réintroduit si aisément dans un espace dédoublé qui l'exclut (le fonds, l'homme de l'appareil), c'est qu'il est lui-même inclusif des deux éléments de l'ère technicienne. C'est lui, lui seul, qui invente le double statut de la

gulière de la technique moderne et à sa vérité métaphysique, c'est-à-dire qui se laisse totalement dominer par l'essence de la technique afin de pouvoir de la sorte précisément diriger et utiliser elle-même les différents processus et possibilités techniques». p. 134 135, *Nietzsche II,* Gallimard 1971 en traduction (correcte, de P. Klossowski). Le passage porte sur le surhomme nietzschéen, plus particulièrement à propos d'un événement récent (« à l'heure qu'il est», écrit-il,) qui est la défaite militaire de la France. Or, le texte oppose deux sortes «d'hommes-techniques» : ceux qui «ont» la technique et s'en servent plus ou moins bien, les Français, et ceux qui «sont» la technique, les Allemands vainqueurs. Dix ans plus tard, il n'a changé ni d'idée ni même de formules lorsqu'il écrit (*die Kehre,* p. 39, ed. Neske : *« Das Wesen des Menschen muss erst dem wesen der Technik sich öffnen, was ereignishaft etwas ganz anders ist als der Vorgang, dass die Menschen die Technik und ihre Mittel bejahen und fördern. »*

Je retraduis: «L'essence de l'homme doit d'abord s'ouvrir à la technique, ce qui du point de vue "avènementiel" est tout autre chose que le processus par lequel les hommes approuvent et favorisent la technique et ses moyens.» Ce rapprochement est bien éclairant, il est dommage qu'on ne puisse le poser qu'au prix d'une violence faite à l'interprétation lénifiante qui a cours. Au cas où les modestes et intouchables heideggériens français auraient oublié de lire ces pages, je les soumets ici solennellement à leur herméneutique incontestable.

nature et de son seigneur, l'un et l'autre sans âme et sans intériorité. C'est lui qui projette son fantasme de désert et
l'inverse pour peupler le monde grec d'âmes vivantes éparses
dans la nature et se répandant par contagion mimétique
dans l'art. En lui, en lui seul, un attachement forcené au
particulier qui s'en va se mue en cruauté à l'égard d'un
monde traître et trompeur qu'on aimerait étriper. C'est le
sentiment qui est un criminel, parce qu'il est une souffrance
invivable. La supposition intenable d'une raison dominatrice, étalant le monde à plat et le vidant comme une vo-
laille à l'étal, ne prend sens que dans l'hypothèse du sentiment : la « froide raison » n'est pas volonté, rien ne lui
« résiste », elle n'a aucune intériorité à défendre. Le « pur calcul » sans vie, parce qu'il est sans vie, est inoffensif : il n'y a
pas d'homme technicien, pas d'homme de *l'appel*, pas
d'homme de l'appareil et de la rationalité dominatrice. Il y a
un enfant qui pleure ses jouets et ne peut plus voir le
monde en peinture, un malade qui philosophe et voit la
« technique » et l'industrie partout autour du sanctuaire de
son cœur.

Ainsi le contenu élégiaque de la philosophie technicienne
déborde du contenant, fait craquer la forme glacée d'une
description « phénoménologique » recevant en apparence
dans la surface lisse du discours la signification de l'expérience. Ce n'est pas l'être qui advient au langage, c'est le
cœur gros qui déborde, l'âme au bord des lèvres. La com-
tesse des *Noces* laisse parler son cœur au plus fort de l'amertume, lorsque l'amour l'a quittée : « Où sont les jours de
bonheur »... « *Dove sono i bei momenti* »... avec la même
fougue que Chérubin qui le sent venir sans savoir d'où, pur
sentiment sans objet visible et d'autant plus affolant.

Traitant de « l'essence de la technique », Martin Heidegger
laisse s'exhaler une plainte amère devant l'objet de sa passion paysagère violé et enlevé. Et de même qu'il n'y a plus
d'objets, il n'y a plus de choses (*Das Ding*), il n'y a plus de

paysage (*das Geviert : Himmel und Erde, Sterbliche und Uns-terbliche*), il n'y a plus de chaumières, de paysans, de carafes de vin du Rhin conviviales, plus de vieux ponts ni de vieux moulins. La perte d'objet (*Gegenstand*) ne signe pas seulement la fin d'une relation seulement théorique d'un homme connaissant, susceptible de science, à un monde connaissable et représentable dans l'espace interne. Elle n'est pas seulement l'éviction du vivant comme modèle de l'objet appréhendé par l'homme de l'art, symbole de ce qu'il laisse être par la réflexion unitaire sur les causes ou garanties du passage à l'existence. La fin du *Gegenstand*, c'est la perte du vis-à-vis à qui et de qui parler, la désertion d'un monde que la passion enfantine animait et habitait. L'homme de l'ère technicienne est un Chérubin à qui jamais n'aurait été donné à aimer un objet et un seul. C'est l'homme – ou l'enfant – d'avant la « reconnaissance », cette joute amoureuse où les deux jouent leur vie, accomplissant leur destin qui de maître, qui d'esclave.

Comme l'objectivité est, chez l'objet visé et représenté, le symétrique de l'identité personnelle de celui qui peut viser et se représenter, sa négation va de pair avec celle du sujet. A lui, roi de l'âge classique, point de fuite de toute perspective[1], se substitue à l'ère technicienne un pseudo-sujet sans cesse menacé de se perdre dans l'indistinction du « fonds », au bord du gouffre de l'anéantissement productif. Puisque rien n'« *est* », puisque tout meurt sans cesse en une agonie cosmique dont l'industrie est la figure historique au sens d'un destin et d'une époque, il faut remonter plus haut que ces deux néants jumeaux pour trouver ce qui « *est* » en vérité dans ce calvaire. Si « rien » ne connaissait un destin d'anéantissement, le sentiment de ce qui incessamment *n'est*

---

1. Ici, Foucault intervient pour traduire ces notions en *archéologue*. Il faudra faire l'histoire de cette généalogie de la pensée de Michel Foucault, plus fondamentale que celle qui en ferait un nietzschéen sans autre médiation.

plus, le Rhin, la carafe et le vieux pont, perdrait son assise, son sérieux tragique. Quelque chose doit s'anéantir pour que « le néant » soit le mode assignable d'un destin.

Il n'y a donc, pour l'homme industriel, pas d'autre alternative que d'être ou *nature*, ce néant en suspens menacé de retomber dans le circuit de l'anéantissement productif, ou *missionnaire* du destin qui accomplit un tel anéantissement; homme de l'appel, homme du chef peut-être, dès lors qu'il appellerait un peuple à coïncider avec l'essence de la technique pour mieux devenir lui-même. Autant dire que le système industriel, considéré sous l'angle de son in-humanité, confronte en réalité non seulement un homme seigneur à une nature esclave, mais un homme imbu de sa mission à un autre qui l'ignore et glisse donc dans la réserve du premier, un « pauvre » homme moderne occidental dominé par ses propres instruments, comme le Français, pauvre cartésien qui a perdu la main.

Vue à l'aune de l'industrie considérée comme menace radicale pour tout ce qui est, l'inhumanité des relations entre hommes prend ici un tour absolu, qu'il faut malheureusement considérer davantage comme un cas limite de l'histoire que comme une vaine extrapolation de l'imagination, puisque Heidegger donne lui-même la clé historique, et non plus « historiale » de ces évènements des temps modernes. C'est ici que la négation de l'objectivité prend le sens effectif d'une négation pratique de la vie et de l'intériorité de l'objet, fût-il humain, c'est ici également que le sentiment se fait cruauté, s'il est vrai que l'humanité de l'autre, comme motif d'un lien seulement sentimental, est menacée de s'inverser et de basculer dans un statut d'absolue non-reconnaissance : l'objet du sentiment porte en lui la possibilité de se faire méconnaissable. C'est même cette menace latente qui fait de l'industrie la figure-repoussoir préférée de la nostalgie élégiaque : ce qui donne corps pour un temps au désir, en changeant, peut renvoyer le désir à sa vanité sous forme de douleur, puis de rage destructrice. C'est ainsi que l'homme qui «écoute» (*ein Hörender*)[1] l'appel du destin (*Gestell, Geschick*), s'oppose, comme l'homme qui devient libre, à celui qui «appartient», le serf (*ein Höriger*). Ainsi également, celui pour qui ce qui est passé à l'existence visible n'est pas objet, mais simple fonds, risque une dégringolade en deux étapes : n'être que le gestionnaire du fonds, et non celui qui, à travers cette relation, obéit à une mission supérieure. Puis, n'être lui-même que ce qui se gère, un «fonds». La servitude guette donc sous de multiples formes un homme auquel l'industrie ne montre qu'une face, celle d'un monde mis à plat, sans intériorité et sans vie.

Perte d'objet, perte du sujet humain au profit d'un «fonds» indistinct et homogène à gérer, dût-on comme simple gérant y faire retour à l'occasion, ou même inéluctablement : la menace industrielle pèse sur ce qui peut sembler «naturel», à savoir : la vie des choses, leur intériorité inaliénable ; la vie des gens, leur libre disposition d'eux-mêmes et des objets de leur affection.

Traiter l'autre comme «fonds» est certainement la plus grave négation qui puisse se faire de son humanité : l'inversion courante des rôles de «fin» et de «moyen», qui sanctionne simplement l'immoralité dans la leçon kantienne, est là bien débordée. En effet, traiter l'humanité de l'homme comme «moyen», c'est encore, avouons-le, la sanctionner, la reconnaître, lui rendre hommage, même si ce type de réception ne désigne pas l'attitude éthique même. Au rebours, si le «fonds» ne comporte aucun objet, aucune intériorité

---

1. Hörender/Höriger : «*Denn der Mensch wird gerade esrt frei, insofern er in den Bereich des Geschickes gehört und so ein Hörender wird, nicht aber ein Höriger*», *ibid,* éd. Neske, p. 24. «Car l'homme ne sera vraiment libre que pour autant qu'il appartiendra au règne du destin et ainsi deviendra celui qui "entend", mais pas celui qui "appartient".» Le double sens de *Hören* est difficile à rendre, d'où le jeu de mots intraduisible mais pas innocent.

vivante, *a fortiori* il exclut toute humanité, en ce sens que celui qui y est tombé n'a pas à être traité en homme. L'homme devenu «fonds» subit donc l'altération la plus radicale, la perte absolue de sa propre humanité. Envisagée sous l'angle du traitement qu'elle lui applique, l'industrie peut donc apparaître comme un viol ou une violence ultime : davantage que de nier le naturel, l'objet, le vivant, elle abolit l'humanité de ses propres gérants, produit le désert à mesure qu'elle enrôle et met à la tâche. C'est ainsi qu'on noie le poisson et qu'on fait de la violence nazie une forme banalisée de «technique moderne»: non, il est vrai, comme prescription ni même comme excuse, mais comme « destin inéluctable ». L'herméneutique est belle!

L'industrie fait tomber l'homme. De lui, elle fait une bête. De la bête, un objet, et de l'objet, un simple stock indifférencié dans le ballet des métamorphoses que Heidegger caractérise en un style hystérique:

« Ce qui se passe, c'est que l'énergie contenue dans la nature et cachée en elle, on la sort par effraction, le butin est empaqueté, les paquets emmagasinés, le magasin ouvert au partage, les parts de nouveau remises dans le circuit. Éventrer, empaqueter, emmagasiner, partager, exploiter. » (*La Question de la technique,* traduction remaniée.)

On a souligné le scandale de la minimisation de la « solution finale» et des chambres à gaz, qui d'ailleurs est une incise au détour d'une phrase[1]. Celle-ci se traduit ainsi:

« On meurt en masse, par centaines de milliers. Meurent-ils? Ils succombent. On les zigouille (*Sie werden umgelegt*). Meurent-ils? Ils deviennent des pièces en stock (*Bestand*) d'une fabrique de cadavres. Meurent-ils? Ils sont liquidés, *non sans intention* [je souligne, F. G.], dans des camps d'extermination. Et même sans cela, des millions crèvent de mi-

---

1. Cf. *Die Gefahr*, ed. allemande des *Œuvres complètes*, Bremer Vorträge, t. 79, p. 46 à 67. Inédit en français.

sère et de faim à présent en Chine.» Le secret de ces «morts»? Un problème de «mots»: mourir, cela veut dire porter la mort en son être, comme un héros. Pas la subir du dehors! Voilà la «pensée» des camps: on «compte» trop les morts, on ne les «qualifie» pas assez!

En laissant tomber pour l'instant l'ignominie du propos qui se veut «conciliant», revenons à la différence du *Bestand* et du *Gegenstand*: c'est cette différence qui est en jeu dans la question de la «liquidation des hommes». Dès lors qu'il n'y a plus de quant-à-soi dans ce qui se tient devant le seigneur de la terre, cet homme de la technique ou ce bourreau qui se rengorge et jouit de sa puissance, la privation pratique et même industrielle que subit le fonds de ses «formes» apparentes, fussent-elles «forme humaine», est une nécessité inéluctable, voire une tautologie. Être un fonds, c'est perdre incessamment toute forme arrêtée, toute essence. L'essence du fonds, c'est la technique, elle seule. L'alternative de l'utile et du nuisible renvoie au pur arbitraire du seigneur appelé à mener la croisade conformément à l'essence de la technique moderne, afin que l'être parvienne à destination[1]. Des hommes meurent comme des sauterelles, mais «être un fonds» ne se partage pas, puisque son essence est de subir des cycles de métamorphoses où toute forme s'avère périssable. A la «technique» s'oppose non l'humanisme, mais la vérité de l'être pour la mort.

La «menace» industrielle, l'industrie comme menace universelle incessante, introduit donc dans l'humanité de l'homme un clivage des plus tragiques, dont le génocide est

---

1. Cf. *Die Kehre,* ed. Neske, p. 45: «*Im Gestell noch als einem Wesensgeschick des Seins west ein Licht vom Blitz des seins*»: «Dans le *Gestell* [essence de la technique, je précise, F. G.] en tant que destin essentiel de l'Être reste une lumière de l'éclair de l'être.» Ainsi pas d'avènement en vérité sans la vraie technique, qui menace et qui sauve, sans l'Allemagne qui a su lui correspondre en écrasant les armées d'esclaves, les *Hörigen*!

la forme historique la plus aiguë, la plus inoubliable. Que cette forme aiguë, ce passage à la limite, ait eu lieu, fait que la philosophie ne peut plus envisager le fait industriel, la «technique», avec la moindre sérénité ni la moindre distance «objective» ni raisonnable. Ce n'est pas un bien, parce que la question véritable de la technique, déjà envenimée par le problème des pollutions et des dégâts écologiques, aurait besoin de clarté et de pondération. Finalement, Heidegger «contre-attaque»: c'est la technique le danger, pas la «solution finale», et ce n'est pas la «pure» technique, c'est l'«essence de la technique moderne», qui est aussi bien «ce qui sauve». Ainsi, avec plusieurs opinions répandues, il n'en fait qu'une, qu'il récuse: le danger, c'est le nazisme (oui, mais la famine?), le danger, c'est la technique (même argument), le danger, c'est la mort (oui, mais quelle mort?). Ayant ainsi noyé le poisson trois fois, il établit que l'«essence de la technique» est tout autre que ces trois maux, ni le nombre des morts, ni leur extermination technique, ni la manière de mourir en masse: on ne pense pas assez loin en craignant pour la vie des hommes sur ce mode statistique et superstitieux, quoiqu'il ne nie pas l'*intention* de tuer en masse chez les adeptes de la solution finale!

Traiter comme un simple fonds exploitable toute la nature, y compris l'homme qui n'entend pas l'appel de l'être et se range alors au magasin des matières premières au lieu d'en faire l'occasion d'une parution, c'est le *Gestell*: une sorte d'impératif catégorique des temps, qu'il faut par ailleurs «dépasser»! L'hostilité équivoque de Heidegger à la technique moderne séparée de son «essence» éternelle, qui lui fait juger finalement normal et prévisible qu'on industrialise la «solution finale» appliquée à ceux des hommes qui ne répondent pas, et pour cause, à l'«appel» mystique du chef, a des racines idéologiques profondes. Cela tient à son approche des temps modernes en général, évoquée ici dans «Les médias et la représentation». Le nazisme est pour lui non une monstrueuse exception ou déviation, mais un prolongement prévisible du mouvement planétaire de la modernité, un épisode du règne des seigneurs de la terre. La chose est nette en bien des points, régner sur terre est obéir à la métaphysique des temps modernes, comme par exemple Nietzsche avec son «surhomme» adapté à tous les climats, c'est encore et finalement être comme les Allemands en 1939: coller à tel point à l'essence de la technique moderne qu'on devient invincible sur le terrain, grâce aux armes et aux véhicules motorisés. «La technique moderne» c'est cela! Nous ne sommes pas mûrs, hélas! pour nous sentir assez bousculés et violentés par une telle «sensibilité» antimoderne, sans parler de l'apologie inverse de la technique absolument assumée par un «peuple historial» au pire tournant de son destin, thème si habilement camouflé ensuite par Heidegger et ses herméneutes insoupçonnables malgré la reprise même des termes de 1939, qu'on ne sait si on a rêvé en les lisant.

Il nous manque une sensibilité moderne, un vrai goût pour la nouveauté qui balaie les traditionalismes superstitieux et les fards sur l'éternel humain avec ses bassesses, ses cruautés et l'incontournable ennui qui se dégage des formes inchangées de la vie communautaire, pour protester contre cette double caricature, la plus hideuse et la plus plate. Ce jour-là, nous n'aurons plus besoin de «critiquer Heidegger»! Il n'existerait plus. Malgré ses contorsions pour prendre l'opinion courante à contre-pied, il ne sait finalement que peindre avec un vernis trompeur toutes les platitudes et les saletés du siècle, avec l'alibi de la réhabilitation de l'ontologie médiévale et de la théologie de la foi: a beau mentir qui vient de loin!

L'Amérique

Pour nous, l'Amérique, c'est l'Europe à nu et à cru, mise devant nos yeux, en pleine figure. La différence, c'est qu'on la voit. Les Européens ont tendance à mythifier leurs origines, à en faire un miracle exceptionnel et légendaire reculé dans la nuit des temps : ainsi de Husserl, qui remonte à Pythagore, sinon à Orphée. Tocqueville[1], en revanche, met l'Europe naissante sous nos yeux positifs en retraçant l'épopée de la « ligne » qui partage la carte du Nouveau Monde en deux parts, l'une effaçant l'autre en un mouvement expansif d'est en ouest : *Go west, young man !*

Avec la ligne, tout l'archaïque recule en désordre : bisons, Indiens, cactées, et même des dieux. Ils n'ont plus comme ressource que de s'attaquer matériellement à la « ligne » de chemin de fer, comme si elle était en fer, alors qu'elle est géopolitique, rationnelle et surtout spirituelle. On n'arrête pas le progrès, que Tocqueville, sous le nom de « liberté », rend plus dynamique que toutes les forces physiques.

Dans un esprit analogue, Husserl écrira : « A chaque instant une tranche limitée en est déjà exécutée et forme en

---

1. *La Démocratie en Amérique,* 1835. Garnier-Flammarion, 1981.

même temps la réserve de prémisses qui permet de jalonner un horizon infini de tâches. »[1]

Mais Husserl ne sait pas qu'il parle du chemin de fer, quoiqu'il soit conscient de l'identité entre l'essence de l'Europe et celle du continent américain (il écrit encore que «au sens spirituel, l'Europe englobe manifestement les dominions anglais, les États-Unis, etc.»)[2]. Les pionniers avaient devant eux non seulement un «horizon infini de tâches», mais l'infini même du désert du Colorado, entre les actuels Denver et Las Vegas.

Cette ligne, qui forme le motif de la légende des pionniers, projette l'originaire sur un espace cartographique, tandis qu'on s'échine à trouver les mots pour le dire. Husserl n'a pas dû les trouver, puisqu'on continue, chez nous du moins, à le prendre pour un brouillon de Merleau-Ponty qui traiterait de la «chair». Quant à Heidegger, a-t-il su faire comprendre, notamment dans *L'Origine de l'œuvre d'art*, pourquoi les Grecs sont nos origines, l'«initial», et que l'ensemble du monde moderne, Amérique comprise, en est la descendance indéchiffrable, la trahison pardonnable? Reconnaît-on le monde grec en roulant en Cadillac sur les pistes d'Arizona? Encore faudrait-il qu'il y ait quelqu'un pour penser que ce genre de livre est fait pour être lu dans cet esprit de reconnaissance du présent, qui était celui de Heidegger lui-même[3].

---

1. E. Husserl, *La Crise de l'humanité européenne et la philosophie*, trad. P. Ricœur, Aubier, 1977, p. 43.

2. *Ibid*, p. 29.

3. Jeffrey Andrew Barash le fait, même si son interprétation constitue un effort partisan pour instruire le procès du «nazisme» de Heidegger d'un point de vue politiquement correct: dans *Heidegger et son siècle* (PUF, 1995), il cite la phrase de Heidegger prononcée en 1942: «Nous savons aujourd'hui que le monde anglo-saxon de l'américanisme a décidé d'annihiler l'Europe, c'est-à-dire la patrie, l'origine de l'Occidental. L'originaire ne peut être liquidé. L'entrée de l'Amérique dans cette guerre planétaire n'est pas

Ortega y Gasset cherche aussi le secret du monde européen dans un événement qui s'appelle la raison, succédant au monde enchanté qu'habitaient nos dieux chrétiens jusqu'à Don Quichotte[1]. A ce titre, Tocqueville peut bien chercher en Amérique l'image de la démocratie européenne, puisque les Européens n'ont pas d'yeux pour se voir eux-mêmes, ces yeux appelés sens historique ou autocompréhension.

Chez nous, le romancier du *Notaire du Havre*, Georges Duhamel, préfigurateur des parcs et espaces protégés, avait tenté de penser l'Amérique comme notre autre, notre caricature[2], et aussi leur remède anticipé. Mais les jeunes croient que c'est Baudrillard qui parle de l'Amérique, ils ne savent pas qui est Duhamel. Duhamel, c'est pourtant Baudrillard.

Bref, on ne trouve pas les mots. L'Amérique continue donc d'apparaître comme un monde *sui generis,* le «nouveau monde», qui n'est pas pareil. On n'y voit pas le fameux originaire qui pourtant intéresse passionnément les descendants que nous sommes. A cause de ce quiproquo, un regard sur l'Amérique, un coup d'œil inquisiteur mérite d'être jeté.

Autant dire tout de suite qu'une fois l'archaïque chassé et décimé comme on a dit, le futuriste n'en a pas pris aussitôt

---

une entrée dans l'histoire mais constitue déjà le dernier acte américain de l'an-historicité américaine et de l'autodévastation», p. 169. Ce genre d'avertissement n'est pas isolé dans les textes heideggériens de cette période, le 12ᵉ complément de l'époque des conceptions du monde: «l'américanisme est quelque chose d'européen. Il est une variété, encore incomprise, du gigantesque... Quant à l'interprétation américaine de l'américanisme par le pragmatisme, elle reste en dehors du domaine métaphysique», coll. « Tel », Gallimard, p. 146.

1. Ortega y Gasset traite spécialement cette question dans sa contribution au volume collectif offert à E. Cassirer, *Philosophy and History*, Clarendon Press, Oxford, 1937. *History as a System*, p. 283 à 322.

2. Georges Duhamel, *Scènes de la vie future.* Paris, Mercure de France, 1930. Longuement cité et examiné dans *La Société industrielle et ses ennemis*, Orban, 1989.

la place. On voit donc surtout la ruine et dévastation de l'archaïque, ce premier état trompeur des choses : la verdure, les oiseaux du ciel, les hommes peints. A la place, il y a l'horreur. L'homme est bien cette maladie de peau de la terre qu'avait su diagnostiquer Nietzsche, et l'Américain, comme « homme », l'a attrapée jusqu'à l'os, cette maladie honteuse et laide à voir. Voyez *Duel*, voyez *Délivrance* ! Les images se trouvent apparemment plus vite que les mots.

Attardons-nous un instant sur l'idée même d'une telle maladie de peau. Figurons nous l'eczéma et son prurit, ou le psoriasis : des croûtes, des lunules comme on en a aux ongles des orteils, qui grimpent à l'assaut des mollets, envahissent la face interne des cuisses, le pli des fesses. Une saleté ! Comment s'en défaire, on y laisserait sa peau !

Cet actuel qui se voit en Amérique devrait nous aider à obtenir une réminiscence de l'initial. L'Europe naissante, ce sont les îles grecques. Le suprasensible commence à tout ronger, à gâcher la vie ; ces îles sont les orteils dont l'Amérique figure le stade avancé, le pli des fesses. En Grèce, la conscience s'éveille, on fait attention aux idéaux à ne pas trahir. La faute commence son ascension de l'homme : elle forme des nœuds, des croûtes, des œdèmes partout, elle enfle les ganglions. Sous le soleil de l'idéal, la vie décline et s'étiole, les plaisirs pourrissent à peine nés. L'homme apprend dans les larmes à jouir autrement. Ses cruautés anciennes ne suffisent plus à ses plaisirs, arracher le cœur avec des couteaux d'obsidienne, aspirer la cervelle dans les crânes ouverts comme des boîtes de conserve pour capturer la vertu de son ennemi. Il lui faut à présent se faire *Héautontimoroumenos,* bourreau de soi-même. Europe enlève le taureau entre ses cuisses puissantes, elle le fait voler dans les airs, et après c'est la corrida. Tous les objets, qui avaient été sacrés, tabous, délectables, se mettent la tête en bas comme des mouches engluées au plafond au lieu d'être au plancher. C'est que l'homme a gagné un nouveau plancher, un sol plus stable et solide, le *fondamentum inconcussum,* en retournant les choses la tête en bas. Le ciel se fait béton, il cristallise, c'est l'*upokeimenon,* le sujet sous-jacent éternellement présent à soi. On croit que le ciel est nuageux, autant dire gazeux : il est au contraire le solide par excellence, ce sur quoi poser comme sur un support les accidents et les modes que le jugement doit bien appuyer sur quelque chose pour qu'ils tiennent. Le sujet qui supervise, la conscience qui juge et condamne, le fait depuis un dessus prédominant qui colle aux pattes des choses et les fixe comme gibier faisandé. On peut encore appeler cela le monothéisme, en considérant que la conscience plafonnière s'allume depuis le Dieu unique.

Les bisons et les Indiens (les Peaux Rouges) ont donc eu toutes les raisons de galoper en débandade devant le chemin de fer du progrès : la preuve, leur état actuel. Les uns alcooliques et déchus, Rmistes, les autres, *corned beef.*

Les croûtes sur la peau de la terre, les cloques dont on parle, ces élévations superficielles qui manifestent l'attraction fatale par et pour le Par-Dessus, se voient en Amérique. La maladie évidemment a aussi progressé ailleurs, par exemple en Sibérie, autour des lacs, des mers fermées, comme la mer d'Aral, ou encore à Tchernobyl qui inaugure une sévère poussée d'acné. Cependant, les premières plaies et altérations de la peau, qui manifestent la défaite des corps devant la puissance aspirante de l'esprit du plafond, ont été répertoriées en Amérique, entre les deux guerres.

Les croûtes sur la peau de la terre se sont vues pour la première fois, semble-t-il, en dehors des dégâts limités que la simple fréquentation occasionne aux lieux de promenade traditionnels (je pense à Ruskin, qui détaille les méfaits de la foule sur les chemins autour de Londres dès 1895), dans les vastes étendues d'Amérique du Nord. Gina Lombroso, descendante directe du criminologue éponyme, féministe avant l'heure, a été encore écologiste avant terme, puisqu'elle fait dans *La Rançon du machinisme*[1] le détail des décharges sauvages et des gâchis liés à la consommation de masse. Avant le Heidegger de *La Question de la technique*, avant 1949, G. Lombroso étudiait la transformation des choses d'usage, qui ont quelque chose de traditionnel, en ordures virtuelles. Un journal du jour n'est séparé d'une ordure que de vingt-quatre heures, une automobile, de dix ans. Un arbre n'est séparé d'une pâte à papier puante que des quelques mois qui attendent sa pousse suffisante. La planète entière souffre son martyre, pour n'être pas «esprit», cette conscience sadique qui l'a déjà condamnée.

On a donné à l'homme un brouillon de monde, une terre blanche, ou plutôt couverte de graffitis illisibles ou indécents. L'Européen a déversé sur ces lignes ignobles un Corrector brûlant comme un acide, qui mange les encres et blanchit le papier jusqu'au trou. C'est la sinistre «blancheur de l'Europe». Il n'y a plus qu'à tout recommencer, tout réécrire, noircir la copie. Ortega y Gasset examine ces questions dans le monde grec : on a échangé toutes les choses du monde comtre une seule monnaie, le concept logique, avec son identitarisme comme devise : toute chose doit ressembler à un concept, afin qu'on puisse l'évaluer. Mais à présent, qui lirait ces lignes tracées par force sur l'écorce hurlante du monde ? Il n'y a plus personne ! L'homme masse a étouffé toutes les qualités des choses, il n'y a rien à voir ni à lire.

On vit sous un régime récent, le nihilisme. Celui-ci pose l'équation être = rien, celle qui ouvre la *Science de la logique* de Hegel. La question du sens volète et plane au-dessus d'un paysage ravagé, le Pays du non-sens, l'Europamérique. Le non-sens s'est posé comme une suie sur les déserts de l'Arizona, sur la vallée de la mort et les canyons du Nevada. La

---

1. Gina Lombroso, *La Rançon du machinisme,* éd. française en traduction de H. Winkler, Payot, 1931.

terre pue et les vautours eux-mêmes en ont la nausée. Même Tintin ne passera plus par là.

De toutes manières, on écrit en 1995, pas en 1934. La terre est ronde, et la ronde dont on parle a déjà atteint l'autre rive du Pacifique ; la « ligne » de Tocqueville, comme un câble immergé au fond de l'océan, est arrivée en Extrême-Orient. L'Amérique nous revient dans le dos, par le Japon et la Corée, ses ordinateurs, son *software,* ses bas salaires et son management de fourmilière.

L'Europe, au sens d'une province vieillotte, comme on dirait la Grèce des cartes postales, met des lunettes noires quand le soleil rouge s'allume sur l'Orient : on ne veut pas voir cela. L'Amérique a bavé comme un verre renversé sur les côtes Ouest du Pacifique. L'Europe, tout au bout, a taché ses manchettes. C'est une fin de cycle, sauf que cela ne tourne pas rond. L'Europe s'unit contre les bavures qui lui remontent de partout, elle ne sait plus où donner de la tête, qu'elle n'a plus à elle. Le décervelage l'atteint précocement. L'Amérique fille maudite bat sa vieille maman comme un tapis sur le balcon, comme en 1944.

En Amérique, le melting pot a tourné. Elle en voit de toutes les couleurs. On en est nous-mêmes tout éclaboussé, dans les faubourgs et les villes nouvelles, à Toulouse et Marseille, à Cergy et Vaux-en-Velin. C'est pourquoi il est vain de croire que l'Amérique serait autre, utopique, pays de Cocagne : elle nous renvoie seulement à notre être, qui sans cela nous resterait inaccessible, tant nous sommes des êtres « ontiques-pré-ontologiques »[1]. A ceci près que le phénoménologue fait le détour par l'analytique du *Dasein* et nous, ici, par les deux océans. Un méandre en vaut un autre.

Cette Amérique est pour nous, les Européens, objet, mais objet d'un déni : je ne suis pas celle que vous croyez, à savoir américaine. Ce déni nous renseigne et nous éclaire,

---

1. *Être et Temps, op. cit.* § 4.

comme les autres dénis toujours logiquement et existentiel-
lement riches. Avoir l'Amérique dans le collimateur comme
objet n'est pas neutre ni indifférent, comme Heidegger l'a
signalé à plusieurs reprises. Lui-même fait dans le déni, sans
pour autant s'en désintéresser, puisque ses analyses du destin de l'Occident, l'*Abendland*, terre d'où les dieux se sont
retirés, s'inspirent notablement de l'Amérique. Entrons
dans le livre de l'Amérique, tel qu'il l'ébauche, fût-ce avec
des pincettes.

L'américanisme existe, dit Heidegger, sous la forme d'une
«variété, encore incomprise, du gigantesque[1]». Derrière le
mot d'«américanisme» qui ne pense plus du tout quand il
croit avoir expliqué ainsi le «phénomène du gigantesque[2]»,
il y a la mystérieuse réalité, non le simple phénomène, du
gigantesque. La question à élucider devient alors la suivante,
qu'on pose ici au texte de Heidegger: quel rapport établir
entre l'Amérique et les dieux?

Ce sont eux, en effet, qui forment le motif et du texte de
L'Époque, et du volume entier des *Chemins qui ne mènent
nulle part*. La question du gigantesque ouvre celle des dieux,
c'est-à-dire de la «futurition», autant dire de l'avenir, du
point de vue de l'histoire de l'être. Il ne s'agit pas simplement de l'avenir de l'homme, de ses possibilités et de son
destin, mais surtout des capacités de l'être, qui sont liées à
l'essence des temps modernes et de la modernité. C'est ce
que déclare explicitement le 11ᵉ complément, qu'il faut citer
longuement:

« ... la possibilité (croît) d'une originelle mise en question
de l'être qui ouvre la dimension dans laquelle se décide si

---

1. *L'Époque des conceptions du monde*, Complément 12, p. 145. Le 12ᵉ
complément est également une note de bas de page qui renvoie au texte
principal p. 124, c'est-à-dire à l'avant-dernière page de ce texte, au moment
où il prend une allure prophétique.

2. *Ibid*, p. 124.

l'être sera encore une fois capable de Dieu (*eines Gottes fähig wird*: capable d'un Dieu), si l'essence de la vérité de l'être replacera l'essence de l'homme dans l'instance d'un appel plus originel (anfänglicher: plus initialement)[1] ».

De fait, avec la question de l'Amérique, l'initial est saisi à travers son opposé, le terminal, c'est-à-dire l'essence accomplie des temps modernes. Si son « train » parvient à son terme ou terminus, il ouvre de nouveau des possibilités d'être, à vrai dire non sans un retournement spécialement brutal, qui régissaient déjà l'initial de l'Occident, la pensée présocratique. Toute la question est donc de comprendre combien l'essence des temps modernes et l'américanisme s'entre-répondent et se correspondent par-delà le « phénomène » *(Erscheinung)*, ce qui détermine la chance des dieux en terre occidentale.

Étant donné qu'il ne s'agit pas d'épeler ou ânonner la pensée historiale de Heidegger, on ne nous en voudra pas (si!) de risquer ici une lecture qui la prend non pas en défaut, mais en tant que pensée humaine, avec ses hésitations, sa cuisine, ses points forts et faibles. Il dénie à l'américanisme la qualité même de pensée des temps modernes, mais leur issue contemporaine est marquée par des traits empruntés *par lui* à l'Amérique. Dire qu'elle est « quelque chose d'européen » manque de précision et même d'exactitude, lorsqu'on dépeint ensuite tout ce qui fait qu'elle en diffère non absolument, mais spécifiquement. Il en va ainsi du gigantesque, qui a également les traits du « terrible ». Le choix même de distinguer les « phénomènes » *(Erscheinungen)* et leur essence à interpréter signifie qu'on a prélevé et choisi ces mêmes phénomènes pour les soumettre, eux et non d'autres, à une lecture d'essence qui leur devra le résultat. Cela dit à titre de commentaire sur la méthode, non de critiques hérétiques acharnées à manquer de foi en un auteur que d'autres adulent.

---

1. *Ibid,* p. 145.

Le motif du gigantesque n'est pas isolé, il ne marque pas le seul écrit de 1939 intitulé *Époques,* mais forme le fil directeur des interprétations ultérieures de 1949. Il cherche du côté de la «distance» une lecture du phénomène inverse, la proximité comme qualité de la chose présente. Avec l'hégémonie de la distance et de son corollaire la communication, la proximité-présence qui faisait l'être de l'étant dans la métaphysique grecque est annulée, ce qui est terrible: c'est *le* terrible de la «technique», cet américanisme européen.

Le gigantesque, ce peut être la grandeur extrême, ou bien l'inaccessible petitesse des objets microphysiques, disons les corpuscules. Les deux suscitent des moyens de saisie qui n'ont plus de commune mesure avec l'habituelle «présence des choses», ces choses d'usage qui, depuis *Être et Temps,* se distribuaient entre les deux registres du *Vorhanden* et du *Zuhanden,* la disponibilité et le caractère usuel. Leur éloignement oblige à une saisie qui n'est plus simplement oublieuse de leur être-là irréductible, mais surtout maîtrisante à la manière de la «représentation», que Heidegger appelle encore *Bild,* terme aussi simple qu'intraduisible. De ce *Bild,* il indique néanmoins le sens en allemand courant: «*Wir sind über etwas im Bilde*[1]», signifie «piger», tenir, plus comme un objectif visé et atteint que de manière purement intellectuelle.

De là le caractère planétaire de la représentation, qui comme *nisus* ou *appetitus* s'empare du tout de l'étant, quelle qu'en soit la position dans l'espace cartographique ou disons «sur terre». La planète cesse d'être la «terre», où nous serions nous-mêmes à la manière d'étants finis, spatialement déterminés[2]. Elle devient l'espace de la représentation maîtrisante, qui accomplit réellement le rêve cartésien d'un réduction du corporel spatial au géométrique.

---

1. P. 116, 117, *loc. cit.*
2. La spatialité est aussi un existential, cf. S. Z. § 21.

Prétendre que cette vision des rapports planétaires entre sujet représentant et objet représenté ne doit *rien* à ce qu'on appelle «Amérique», ce serait jouer sur les mots. Elle est la terre du gigantesque, elle annule les distances, rend tout accessible au désir, étale ou met à plat l'entier de l'étant pour une représentation appétitive qui s'appelle en bon français la «consommation», appuyée sur la puissance scientifique et technique. S'il y a dénégation de l'Amérique, la voilà. Heidegger thématise de plus en plus ce qu'aujourd'hui, sans savoir qu'on lui en doit une partie, on appelle médias. Radio et télévision, cinéma, etc., nous «ôtent le voir et l'entendre[1]. » L'image médiatique rend toutes choses proches, donc en un sens aucune. L'idée même de distance, qui avait un sens existentiel authentique, le perd si tout est proche.

Il appelle cette thématique *Nähe*. Elle a à voir avec l'Amérique et l'américanisme, qui connaît les grandes distances propres au nouveau continent inhabité et peuplé grâce à des procédés de centralisation du pouvoir qui supposent la mise au point d'un réseau de communications moderne. On pourrait facilement objecter que les formes de sociabilité traditionnelles n'en ont pas été atteintes pour autant, et que la télévision n'empêche pas l'Américain moyen d'organiser des *parties* ou *garden parties,* où les notables locaux se retrouvent périodiquement, sans compter le Culte intact. Cependant, comme la question se joue entre Amérique et américanisme, la réponse pourrait être que l'américanisme des Américains se transpose plus mal dans la vieille Europe, qui n'a pas les distances correspondant à ces nouveaux modes de communication en l'absence de l'étant sensible, puisque c'est celui-ci qui est en cause. En tout cas, la question de l'absence et de la distance, ainsi que de la maîtrise planétaire, peut difficilement éviter la confrontation avec les différences ontiques, et non ontologiques, entre Europe et Amérique.

---

1. Cf. *Die Kehre,* le tournant, éd. G. Neske, 1962.

L'absence de l'étant sensible représenté, en tant qu'essence du phénomène «américanisme», ouvre enfin la question des dieux: c'est dans les termes de Heidegger celle du «coupé en quatre», ciel et terre, mortels et divins immortels. Toute la question de la chose renvoie à l'oubli moderne de cette dimension double ou quadruple, puisque la représentation met le monde à plat dans l'espace cartésien. Cependant, Heidegger n'estime pas cette simplification irréversible: le divin, pense-t-il, prend des formes insoupçonnées dans le régime représentatif, caractérisé par le gigantesque. Ce qui est immortel, ce sont à présent les éléments des choses soumises à l'appréhension représentative; malgré les métamorphoses programmées et rationalisées des phénomènes physiques, les éléments simples restent inaccessibles, soustraits au temps de la causalité. Les paradoxes de Heisenberg ont notamment cette signification inattendue, que décèle la conférence de 1949 sur *La Technique*. L'infiniment petit, plus encore que l'infiniment grand, recèle en lui une éternité qui en fait le divin prosaïque des temps modernes, le divin de la science. Américanisme veut donc dire ceci: une notion de la grandeur absolue[1], plus que relative, qui fait époque, et replace les temps modernes, comme grande époque, dans l'histoire de la métaphysique, qui est elle-même et sans le savoir histoire de l'être. C'est pourquoi l'événement américain de la fission de l'atome entraîne plus loin qu'on ne croit dans le destin du Grand: elle ouvre une faille dans le divin, le sépare et le déchire. De même, Galilée ne s'est pas tant ému de la rotation de la Terre que de la corruptibilité des corps célestes, du soleil notamment, avec ses taches rendues visibles par les lunettes astronomiques: les dieux antiques en sortaient corruptibles, livrés au temps et à la représentation.

---

1. Cf. *Époques*, p. 124, *loc. cit.*: « Car le gigantesque est bien plutôt ce par quoi le quantitatif devient une qualité propre et, ainsi, un mode insigne du Grand. »

Malgré tout, on aimerait achever ce relevé de l'Amérique spirituelle, sinon historiale, sur une note sceptique. Avec l'Amérique, la pensée européenne rencontre sa limite, celle de son historicité, coincée entre l'initial et le terminal. Heidegger lui-même, qui se croit guéri de la maladie historiciste, y succombe plus qu'il ne le croit en dénonçant partout la temporalité qui ronge et corrompt. Obsédé par sa situation dans un temps de l'histoire, qui l'a fait escalader les monts du progrès et risque de l'en faire dégringoler, l'Européen n'accorde d'importance qu'aux signes des temps, et pas à des pratiques humaines sans époque, immuables, comme l'est par exemple la médecine, qui remonte à la préhistoire et descend jusqu'à nous, ou aux arts, ou même au langage. Il imagine qu'une histoire de l'être veille comme une énigmatique providence sur les actions humaines, ce qui leur accorde ou trop ou pas assez. Tout s'inscrit-il vraiment comme trait d'époque ?

Au fond, pourquoi l'Amérique serait-elle une époque ? Les étendues démesurées ne lui sont pas propres : la Sibérie, l'Australie, la Mongolie sont bien aussi grandes. La hauteur des constructions ou gratte-ciel n'est pas une véritable forme de gigantisme, c'est plutôt le contraire : l'exiguïté de la pointe de Manhattan, ainsi que le prix élevé du terrain, poussent à chercher dans la hauteur une compensation, comme aussi bien à Hong Kong, ou dans la poussière des îles du Japon. Les télécommunications n'ont rien d'américain. On l'a vu, les vraies formes de sociabilité propres à l'Amérique du Nord sont stables, classiques, peu modernistes. Quant à l'argument de la physique nucléaire, il est on ne peut plus continental, puisque les États-Unis ont emprunté à la vieille Europe les chercheurs de pointe qui l'ont mise au point. La passion du géant est donc prêtée sans vrai fondement à l'Amérique, ainsi que le reste de ce qui caractérise les temps modernes en phase terminale. L'Amérique n'a pas tué Dieu, moins que quiconque, elle le met sur ses dollars et dans ses lois. Qui peut prétendre qu'il est de ce fait encore plus mort qu'autrement? Le culte de l'Homme prométhéen est en philosophie le fait des Feuerbach et autres positivistes, bien continentaux. La querelle de l'anthropologie philosophique et des sciences humaines est interne aux *Geisteswissenschaften* allemandes, non au pragmatisme américain, comme Heidegger l'indique clairement dans ses dénégations signalées. Ce ne peut donc être que par préjugé qu'on trouverait quelque chose d'américain dans l'apothéose des temps modernes, sous prétexte que l'Europe aurait commencé sans elle et fini en elle.

L'incapacité à dégager l'Amérique du Nord du système de nos projections, qu'elles aient trait à l'initial ou au terminal de l'Europe, se sent lorsque nos regards se portent sur le paysage urbain de la véritable Amérique et n'y trouvent pas leur compte de stéréotypes. Le futurisme qu'Hergé a lu dans les abattoirs de Chicago, ou dans le taylorisme des repas pris par Mr Pump, le magnat industriel amateur de bolides, renvoie davantage au futurisme historique né en Europe qu'à la vérité américaine, et aujourd'hui on constate que le trafic urbain à New York, le système de ramassage des ordures ou l'architecture des gratte-ciel «datent» furieusement et ne supportent pas la comparaison avec les modernismes de Tokyo ou de Francfort. Les archaïsmes locaux abondent et renvoient plus souvent qu'on ne croit au statut de débarras pour populations, notamment européennes, en surnombre que le nouveau continent a eu longtemps, avant de conquérir son autonomie relative. On parle en Louisiane un français qui remonte aux dragonnades du Roi Soleil, que fuyaient les immigrants. Les clans, les traditions familiales et ethniques intactes ne sont pas «modernes» et s'y refusent.

Au fond, laissons l'Amérique être Amérique, si c'est possible!

Les médias et la représentation

La « politique », c'est la question de la communauté, du destin, du peuple et de la liberté. Elle ne fait qu'un avec celle du *Dasein* authentique, abordée dans *Être et Temps* après un traitement plus allusif dans le *Traité des catégories et de la signification chez Duns Scott*. Mais à la fin des années trente, un nouvel abord tient à la problématique appelée d'abord « l'essence des temps modernes », puis dix ans plus tard « la technique » ou *Gestell*. L'histoire de l'être, c'est la différence des manières dont l'être advient ou est entendu des hommes de chaque époque *historiale* ou destinale, puisque tout tient à l'entente de l'être, « ce que signifie être » à chaque époque. Les temps modernes sont un temps métaphysique où domine l'entente de l'être en termes de représentation : « Être » c'est tomber sous la représentation de l'homme, et c'est pour l'homme représenter l'étant en totalité. Cette entente dépend de la nature et du sens de la représentation, de la volonté et finalement de la puissance. Celle-ci devient planétaire et guerrière, elle prend la forme du combat des idéologies pour la domination de la planète[1].

---

1. Cf. « Le Mot de Nietzsche : Dieu est mort », in *Chemins…*

117

En d'autres termes, la «volonté de puissance» lui sert de définition *historiale*.

Il y a une deuxième thèse, établie lors de la définition des temps modernes : entre cette époque de l'être et le destin authentique s'établit une relation de condition à conditionné. C'est en méditant l'essence de «tous les temps modernes » qu'on prépare l'époque à l'advenue d'un nouveau temps, qu'on appelle « le jour des dieux» dans les termes métaphysiques de Hölderlin, l'*Ereignis* (intraduisible) dans ceux du Heidegger de *Die Kehre*. Le repli sur la tradition, lui, empêche cet avènement et demeure stérile.

La « technique» comme pouvoir pose donc le problème du dépassement de la métaphysique et celui de la «futurition», l'aptitude à se projeter dans un futur et à se donner des «possibilités d'être». Il pose encore un problème de destin national, celui de l'Allemagne.

L'être comme être représentant

Pour pleinement comprendre les interprétations heideggériennes de l'époque de la représentation, il faudrait suivre un jeu de mots filé indéfiniment comme une métaphore à partir d'un radical allemand, le verbe *stellen*, racine *stell*. Il traduit le verbe grec *istemi*, poser, ou encore *thesis*, action de poser, position. Avec *stell*, on a aussi bien *Vorstellen*, représenter, *Darstellen*, présenter, *Herstellen* produire, *nachstellen* traquer, *Fragestellen* questionner, *sichstellen* se rendre, etc. Le terme substantif formé à partir de la famille qui a sa racine dans le *stell*, c'est *Ge-stell*, qui apparaît dans *L'Origine de l'œuvre d'art* avec un sens limité et qui finit par signifier la «technique» dans le cycle de conférences de 1949 où Heidegger l'écrit en deux mots avec un tiret, *Ge-stell*. Comment «la technique» se rapporte-t-elle à la famille des verbes signifiant la position ? Plus précisément, c'est la *Vorstellung*, la représentation ainsi que «l'être-représenté» qui se situe au centre des analyses des années 1939-1940 ?

Avec la *Vorstellung*, une tendance de l'idéalisme grec prend corps avec une insistance nouvelle sur la position de *sujet*. La question posée par Heidegger est celle de la cohérence et de la persistance de la métaphysique à travers toutes ses métamorphoses. Pour demeurer en accord avec elle-même depuis Platon jusqu'à Nietzsche, il lui faut tout de même subir quelques avatars de détail, quelques remaniements. Heidegger instaure une coupure principale entre Antiquité-Moyen Age et modernité, et c'est en ce point que la « représentation » joue un rôle de césure : avant les modernes, elle ne joue pas le rôle de définition du tout de l'étant, avec eux elle se confond avec l'être de l'étant…

Reprenons les moments de la démonstration : la métaphysique se caractérise par une obnubilation sur la question de « ce qu'est l'étant », abstraction faite (oubli) d'une question portant sur le sens même de « être ». Elle cherche ce qu'est l'étant en totalité ou comme tel, elle veut le « poser » en lui-même et dans son être. Or qu'est-ce qui est réellement et constamment présent dans l'expérience, et qui serve de support réel au défilé des impressions changeantes dont les sceptiques font un argument contre l'être ? Si on cherche la réponse à cette question dans les *Chemins qui ne mènent nulle part*, notamment les compléments à la conférence *Époque des conceptions du monde*, elle intervient en référence au concept grec de la *substance*. Celle-ci n'est pas tant l'*hypostasis* que l'*hypokeimenon*, le « constamment sous-jacent ». Ainsi Aristote estime que « celui qui est assis » est plus réel et constant que le « fait d'être assis », parce qu'il faut que quelqu'un ou quelque chose serve de substrat à l'action, tandis que ce substrat subsisterait aussi bien sans l'action. L'idée du support de l'énonciation forme la base d'une réflexion sur la constance, qui met un terme à l'argument sceptique c'est-à-dire en réalité à l'entente de l'être comme présence inconstante ou momentanée. Heidegger élit Protagoras comme représentant de la véritable pensée grecque avant sa mésinterprétation par Platon, avec sa thèse de l'homme-mesure. La double attaque menée par Platon et Aristote contre le « relativisme » de Protagoras entame un cours nouveau de la métaphysique, qui conditionne encore la pensée représentative : l'étant est le constant.

A partir de là s'éclaircit la nouvelle « position métaphysique fondamentale » de Descartes, qui conditionne « tous les temps modernes », et qu'on a pris l'habitude d'appeler « métaphysique du sujet[1] ». La présence constante ou substantielle, au sens du substrat plus « étant » que ce qu'il supporte, Descartes relu par Heidegger la situe dans la représentation ou pensée, dans le *cogito* comme support des *cogitata*. C'est donc pourquoi *être*, à l'époque de la représentation, c'est se représenter, ainsi que tomber sous la représentation qui fait être : les représentés sont les modes de la substance représentante.

La *Vorstellung* détermine les autres modes de *Stellung* ou positions, ainsi la *Herstellung*, la production. En général, se représenter, c'est « *vor sich hin und zu sich her stellen* » poser devant soi et rapporter à soi : ce qui est ainsi « mis en sécurité » et assuré, c'est la présence à soi de la représentation même comme essence de la substance pensante.

Les thèses futures sur la « technique » comme *Gestell* en découlent avec quelques années de retard. En commun, science et technique ont l'essence de la représentation, elles assurent et confirment le sujet-substance en lui faisant « calculer » le tout de l'étant. Heidegger n'ajoute pour caractériser la « technique moderne » que ce qui la distingue en tant que moderne de l'art (*teknè*) comme mode d'accueil de la présence des étants caractéristique de l'entente préplatonicienne de l'être, même si la violence représentative a attendu

---

1. Cf. « Méditer, cogiter » dans ce même ouvrage.

les années trente pour se présenter sous ce jour agressif. Cette différenciation à l'intérieur du concept de la *teknè* formait déjà le motif de *L'Origine de l'œuvre d'art*, vers 1935 [1]. Dans les *Chemins*, la poésie vient encore manifester la perte d'une dimension essentielle de l'art dès lors que la représentation vient coïncider avec le tout de l'étant. Quoique encore sous une forme métaphysique, Hölderlin, puis Rilke, viennent chanter l'essence vitale du monde et mettre en avant l'art comme parole, art de parler, entre étant et être [2].

La représentation comme appétition et volonté

Dès lors que le calcul représentatif envahit le tout de l'étant, il faut bien une règle selon laquelle les éléments se succèdent dans le sujet pensant ou *monade*. Cette règle de succession à chercher du côté du sujet, c'est l'appétition qui la fournit. Deux textes de 1938-1939 établissent ce relais de la représentation par la volonté : « Le Mot de Nietzsche : Dieu est mort », et *Nietzsche* II. Contrairement à l'indication des titres, ce n'est pas tant Nietzsche que Leibniz [3] qui fournit le motif d'une métaphysique du désir et de la volonté. En cherchant en quoi la «volonté (de) puissance» est encore et surtout l'essence métaphysique de tout étant, Heidegger rencontre la monadologie. Elle lui apparaît comme l'étude de l'étant par excellence, ainsi que le secret de l'essence représentative elle-même. La monade est l'unité, elle règle donc en elle-même la multiplicité et la rapporte à soi [4].

Quant à la volonté même, sa déconstruction mène à un résultat analogue dès le début de l'examen de la doctrine de

---

1. Cf. « Terre, monde, paysage », dans ce même ouvrage.
2. Cf. la fin de *Époques*.
3. Cf. « Terre, monde, paysage », notamment à propos de Gilles Deleuze.
4. Cf. p. 153, 154 155 etc., *Nietzsche* II.

Nietzsche[1] : la théorie de l'*appetitus* fonde la *repraesentatio*. Le «changement de l'homme en *subjectum* » ne fait qu'un avec «la détermination de l'étant en tant que représentéité et fabricabilité de l'objectivable». Ce que Heidegger cherche dans l'essence des temps modernes n'est pas étranger à ce qui pour nous Français forme l'énigme de la période historique de 1939-1940, et le texte est plus circonstanciel qu'il n'y paraît : la défaite militaire du pays de Descartes y intervient au détour d'une phrase, à la page 133. Dans toute cette affaire, la modernité historique et la philosophie moderne se répondent l'une à l'autre en écho. Heidegger prétend lire le destin occidental en entier dans la pensée métaphysique en se servant des temps modernes techniques comme d'un *telos* atteint dans sa vérité[2]. C'est pourquoi une «politique» est en jeu dans la question de la technique comme métaphysique de la puissance, sous le signe de Nietzsche.

La volonté et le pouvoir : la politique

Déjà avec Nietzsche, dans *Le Mot de Nietzsche,* le motif planétaire est lancé : la politique est plus que le pouvoir de certains sur d'autres, c'est la «puissance» en tant que domination du tout de l'étant. On a beau être à l'époque de l'homme et du surhomme, le côté intersubjectif de toute politique est marginalisé, étant veut dire essence et non humanité de l'homme, et «essence» est la règle de la représentation, l'appétition qui «calcule» et par là domine[3].

En effet, le pouvoir d'un homme sur un autre, d'un groupe sur un autre, particulariserait là où l'époque univer-

---

1. Cf. p. 35.
2. Cf. « L'industrie », dans ce même ouvrage.
3. Cf. Remarques critiques in « Nietzsche n'est pas métaphysicien », à la fin de ce volume.

salise tout. L'homme obsède l'époque, comme anthropologie, comme sciences humaines, comme sciences historiques,
chose remarquée dès les textes introductifs de *Être et Temps*.
Mais Heidegger renonce à chercher de ce côté la «vie», le
Lebenswelt, qui pourtant en 1920 lui faisait reconstruire
l'ontologie médiévale dans un souci de «faire revivre» et de
retrouver le «courant vivant» de la pensée. L'ère de l'homme
est l'ère dépersonnalisée par excellence, celle du défaut de
sens. C'est par exemple l'*insensé* qui a tué Dieu sans être capable d'expliquer son geste trop grand pour lui ni de l'assu-
mer. D'ailleurs, c'est le problème de la modernité de savoir
si nous serons encore une fois «capables de Dieu», nous qui
avons cru pouvoir le supplanter.

L'Origine de l'œuvre d'art cherchait déjà le secret de la
«chose» sinon de l'homme au-delà de la représentation[1]. Ni
les chaussures peintes par Van Gogh, ni le temple grec, ni la
parole même ne sont à proprement parler représentatives,
ces œuvres ne sont pas «faites» par l'homme à la ressemblance d'un objet. La chose n'est pas un objet copié, produit
ou reproduit. Elle est *monde*, s'origine dans ce qui fait que
sur le «sol» ou la «terre» éternelle, *un* certain monde peut
se détacher comme existence. C'est la première ébauche du
Gestell, le dessin, le trait. Avec le développement de la réflexion sur la technique, le contraste chose/objet prend de la
consistance. L'objectivisme s'allie partout au subjectivisme
inhérent à la mal nommée «philosophie du sujet» pour
oblitérer ou occulter la chose, le monde où nous sommes
toujours-déjà. La politique, à l'ère de l'objectivisme, est géopolitique, elle est *planétaire*. Ce n'est pas tant «la terre»,
cette sorte de divinité antique maternelle qu'on domine,
c'est le tout de l'étant, la «planète». Celle-ci n'est plus le séjour des dieux, Dionysos n'y trouverait pas sa place[2].

---

1. Cf. « Terre, monde, paysage », idem.
2. Cf. « Pourquoi des poètes en temps de détresse », in *Chemins…*

Le problème qui prend de l'ampleur avec les textes des années 1949-1950, c'est celui de la *proximité* et du lointain. Ces catégories ou plutôt ces *existentiaux* ont été repérés dès *Être et Temps* : mon ami que je vois sur le trottoir m'est plus «proche» que le trottoir même où je marche. Sans la perspective construite à la Renaissance, ces notions nous seraient plus évidentes. Le proche devient à l'ère de la représentation qui «objective», c'est-à-dire situe «en face» ou en vis-à-vis, l'univers des *objets, les Gegenstände.* Tout s'approche grâce aux télécommunications mais aussi tout s'éloigne irrémédiablement. Nous sommes sortis de l'ouvert où il y a une proximité entre vivants au profit du face à face sujet-objet. L'éloignement qui en résulte est irréparable puisque se représenter, c'est déjà se séparer de l'objet de la représentation et en faire un mode de la substance sujet.

Les techniques qu'aujourd'hui nous appelons *médias* semblent rapprocher les mondes, les nations et les peuples : radio, cinéma et télévision diminuent les distances et livrent le monde à domicile, comme Valéry le prédisait dans la *Conquête de l'ubiquité.* Mais en supprimant les distances *objectives* elles annihilent la proximité même des choses[1], tout nous devient étranger. La vue devient l'organe de l'objectivation qui distancie, l'ouïe perd son sens *d'entente* (notamment de l'être)[2], la *Verständnis. Das Gestell, die Gefahr, das Ding, die Kehre,* quatre conférences réunies sous le titre *Einblick in das, was ist,* sont sous le signe des médias, toute l'analyse porte sur le «prochain» annulé (*Nähe*).

C'est à ce prix que le pouvoir sur les objets-sujets se paie : on y perd un *monde*[3]. Le retrouver, ce serait relocaliser, re-

---

1. Cf. *Heidegger aujourd'hui.*

2. Cf. «L'homme grec est en tant qu'il est l'entendeur de l'étant», p. 119, *Époques,* l c.

3. Cf. *ibid.* : «La paysanne au contraire a un monde parce qu'elle séjourne dans l'ouvert de l'étant. Le produit, dans sa solidité (les godillots) confère à ce monde une nécessité et une proximité propre». p. 48, *Origine,* l c.

chosifier. Heidegger oppose à la planète le lieu, le proche, l'habité. *Dichterisch wohnt der Mensch*... Mais les hommes d'aujourd'hui ne savent plus rien faire à force de techniques et de télécommunications, « des sites éloignés appartenant aux plus anciennes cultures, le film les montre comme s'ils étaient là maintenant en plein milieu de la circulation actuelle», mais «le pompon de toute mise à l'écart des distances c'est l'appareil de télévision qui va vite chasser et surpasser toute la ferraille et la bouillasse de la circulation »... « simplement la fureur de mettre à l'écart toute distance n'apporte aucune proximité[1]». Homme moderne, tu as compris que «ce n'est pas la peine»?

Heidegger n'est pas le premier «médiologue», il y a Walter Benjamin, Paul Valéry, Georges Duhamel; mais il est sans doute le plus négatif et le plus pessimiste, le vrai modèle de toute médiologie future voulant se donner des airs apocalyptiques. Heidegger, c'est *Philippulus* le prophète, et la *technique*, c'est l'*étoile mystérieuse,* avec ses champignons dangereux qui nous viennent de l'espace. Si seulement on savait garder les pieds sur terre, surtout avec des godillots d'avant-guerre qui ne s'usaient jamais[2]!

---

1. *Hinweis* du t. 79, *Bremer Vorträge* 1949. Non traduit. p. 3.
2. La traduction de ce tome 79 éclairerait beaucoup le public français sur les véritables enjeux de la pensée heideggérienne en tant que pensée du siècle. Pour être juste, il anticipe aussi sur certains mouvements contemporains du style «écologie urbaine», qui réclament des voies spéciales pour les vélos et boudent la télévision, ainsi que sur les mouvements anticonsuméristes américains des années soixante, comme le dessinateur Robert Crumb et son Mr Natural. Il est amusant de constater que R. Crumb s'est installé dans le sud de la France depuis quelques années et ne s'en trouve pas si bien que prévu, faute de confort et de modernisme.

III

Philosophie

Méditer, cogiter

Heidegger fait de Descartes l'initiateur des temps modernes et lui attribue la paternité de la «philosophie du sujet», tandis que le mot même n'apparaît jamais chez lui ni chez aucun autre auteur du XVIIe siècle. Il faut faire de cet anachronisme une véritable question, plutôt que de conclure trop vite à une simple méprise, et demander:

– En quel sens faut-il chercher une philosophie «du sujet» chez Descartes, si ce n'est pas au sens de son temps («sujet» au XVIIe, cela signifie simplement question, objet à examiner)?

– Pourquoi le terme même est-il introuvable chez lui, de même d'ailleurs qu'«objet» au sens actuel («objet» au XVIIe veut dire «objet de», souvent d'amour).

– Quelle interprétation générale de la place de Descartes dans les temps modernes peut-on en tirer? Que veut dire «temps modernes»?

Si on cherche une philosophie «du sujet» en général, cela tient à l'interprétation allemande et à la phénoménologie. Husserl fait commencer avec Descartes la réduction, *epoche* du monde, ainsi que le motif «égologique». Il serait à la fois le fondateur d'une philosophie méthodologiquement conséquente, et le responsable, par ses propres inconséquences, des errances du rationalisme ultérieur.

Heidegger met davantage sur la piste ici suivie : Descartes inaugure les temps modernes en philosophie, il reprend et métamorphose la métaphysique antique pour fournir à l'anthropologie contemporaine son assise. (« Époques des conceptions du monde », in *Chemins qui ne mènent nulle part*, 1938. *Nietzsche* II, 1939.)

Reste à dire pourquoi le « sujet » serait le motif d'un tel *aggiornamento* de la métaphysique, et en quoi l'introduction de ce motif est impensable dans la tradition antérieure : les deux, puisqu'il s'agit d'historialiser le cartésianisme. Mais surtout quel sens il a à l'intérieur même du cartésianisme, afin d'éviter au maximum les anachronismes.

En un premier temps, il faut chercher le sens qu'a chez le Descartes des *Méditations,* c'est-à-dire de la pensée explicitement métaphysique, le motif le plus proche, celui du « retour à soi ». Que le « soi » de l'homme soit central et fondateur en métaphysique, c'est ce qui se dégage de manière obvie dès la première des Méditations, en raison du concept même de la « méditation » qui doit livrer son sens.

La dissymétrie de la volonté infinie et de l'entendement fini est le thème de la *quatrième* méditation parce qu'elle porte sur la vérité et l'erreur, et que la cause de l'erreur est dans leur désaccord remédiable. Mais la première méditation présuppose déjà la possibilité d'éviter l'erreur par le moyen d'un contrôle de la volonté sur le jugement, et par la culture systématique de ce contrôle, au point qu'il devienne une seconde nature. C'est ce que déclare la fin de la quatrième méditation, qui indique même ce qu'il faut entendre par « méditer » :

« Quoique j'expérimente en moi cette faiblesse de ne pouvoir attacher continuellement mon esprit à une même pensée, je puis toutefois, par une méditation attentive et souvent réitérée, me l'imprimer si fortement en la mémoire, que je ne manque jamais de m'en ressouvenir toutes les fois que j'en aurai besoin, et acquérir par cette façon l'habitude de ne point faillir ; en cela consiste la principale perfection de l'homme, etc. ».

Ici apparaît un éclaircissement décisif sur le sens à accorder au terme cartésien de « méditation », donc au sens général de l'entreprise métaphysique. La formule de la quatrième méditation est pléonastique : une méditation « attentive et souvent réitérée », c'est deux fois la même idée. En latin, il est permis de supposer que la racine proprement latine de l'expression *meditari* demeure présente à l'esprit, ainsi que ce qui distingue le terme d'un autre aussi topique, celui de « cogitation ». Le suffixe en « *ito* » désigne l'itération, le fréquentatif. Méditer, c'est faire souvent, faire systématiquement l'acte que désigne la racine *medeor*. Ce verbe, toujours au passif, a un sens général qui est celui d'un soin, voire d'un remède apporté à un mal. *Medeor*, je veille à, je prends soin de, je prends la précaution. Ici l'importance d'un retour à soi se dégage déjà : méditer, c'est s'organiser soi-même pour éviter des maux remédiables, c'est s'entretenir, se soigner.

A l'opposé, la *cogitatio* qui a aussi la forme itérative ne désigne qu'une manière de conduire ses pensées, non de « se » conduire soi-même. « Conduire » est le mot précis et non un sens approximatif : la *co agitatio* est la répétition d'un « *cogere* », forcer, conduire en maîtrisant ; *cogere cogitationes*, c'est conduire ses pensées, comme on mènerait un troupeau en bon ordre et à bon port. La cogitation conduit des pensées vers le vrai, mais la méditation habitue celui qui les conduit à éviter les obstacles qui mèneraient à l'erreur et d'ailleurs mènent effectivement déjà à l'erreur l'homme livré à lui-même, à son naturel non rectifié, et continueront à le faire tant que la mise en garde n'aura pas effet.

Aucune des six méditations ne s'achève sans un moment de réflexion sur soi et de mise en garde adressée à soi-même pour l'avenir. Dans la première méditation, cette opposition se met déjà en place, et fait se succéder significativement ces deux niveaux de visée de la vérité : la conduite des pensées, la rectification de la conduite même. A la méthodologie s'ajoute déjà la déontologie et même l'éthique.

La différence et l'enchaînement des deux se voit lorsque Descartes passe du doute dit « méthodique » à celui appelé « hyperbolique », où l'hypothèse d'un dieu trompeur fait tomber dans le douteux les vérités mathématiques auparavent sauvegardées ; Descartes « cogite » d'abord les raisons d'étendre ainsi le doute : peut-être Dieu n'a-t-il pas voulu que je fusse déçu de la sorte... néanmoins je ne puis douter qu'il ne le permette... etc. Cette computation réglée des suppositions quant au douteux s'achève sur une reprise sur *soi* de la question : « Désormais je ne dois pas moins soigneusement m'empêcher d'y (à mes anciennes croyances) donner créance qu'à ce qui serait manifestement faux, si je veux trouver quelque chose de certain et d'assuré dans les sciences. »

La première méditation s'achève sur une « crainte », c'est-à-dire une précaution difficile : celle « qu'une paresse (ne) m'entraîne insensiblement dans le train de ma vie ordinaire »... et que les lumières obtenues « ne fussent pas suffisantes pour éclaircir toutes les ténèbres des difficultés qui viennent d'être agitées ». La co-agitation nécessite un soin spécial pour qu'on n'ait pas à la renouveler continuellement, c'est la méditation de la cogitation.

Opposer ne suffit pas, il faut encore unir et subordonner. Cogiter c'est non seulement « remuer des pensées », mais les trier, mettre les unes à l'écart, les autres dans le rang des vérités. Prendre garde à ses pensées fait partie de leur co-agitation, puisqu'elles « me viennent » de toute manière, et que j'ai aussi de toute manière à déterminer lesquelles sont des vérités, toutes y prétendant par la charge de « croyance » objective qui leur est inhérente.

La méditation ne clôt pas la cogitation comme une récapitulation ou une résolution finale. Toute pensée porte d'elle-même à l'erreur, si elle n'est vérité éternelle. A cause de l'union de l'âme et du corps, les pensées ou idées adventices portent à croire que leur « objet » extérieur existe et est cause de la pensée que j'en ai, au lieu qu'elles n'apparaissent dans leur vérité comme des inspections mentales. La précaution est donc contemporaine de la cogitation, elle est le correctif qui les empêche de m'advenir simplement, elle les rapporte toutes à mon être, à ma pensée. *Cogito me cogitare*, formule partout retenue du cartésianisme dans le *Nietzsche II* de Heidegger, est non la formule de la méditation, mais de la cogitation vraie.

Si la précaution est constitutive de la pensée même, quel qu'en soit l'objet, méditer est la dimension de vérité de la cogitation, et non un correctif ultérieurement apporté aux erreurs dont j'ai l'expérience. Il en résulte que si on était d'abord tenté de définir la cogitation par le soin apporté aux objets de la pensée et la méditation par celui apporté à cette pensée même pour autant qu'elle est mienne, il faut aller jusqu'à considérer toute pensée et tout objet à penser comme ce « mien » dont j'ai la garde, ce « soi » auquel il faut faire retour.

Husserl définit comme « égologie » ce mouvement de reprise de tous les objets du « monde » sous la prise d'un sujet transcendantal. Heidegger en fait un phénomène caractéristique de la « représentation » au sens moderne, c'est-à-dire en un sens que Schopenhauer a le mieux défini dans *Le Monde* lorsqu'il écrit que la formule en est « objet pour un sujet ». Mais à la différence de Husserl, il ne voit pas là le fondement d'une philosophie rigoureuse, mais la borne qui empêche toute pensée métaphysique de dépasser le point de vue de l'être de l'étant et de la vérité comme représentation. Les textes les plus explicites datent de 1938, dix ans au moins après *Sein und Zeit* qui présente la seule critique de l'étendue cartésienne en tant qu'absence de fondement pour une ontologie.

C'est en ce point qu'il faut introduire une réserve quant à la signification à attribuer à la formule «philosophie du sujet». Elle n'est pas cartésienne, on l'a dit, parce que l'expression même de «sujet» n'est pas fixée à l'époque de Descartes. Le problème terminologique peut n'être pas décisif, mais il faut pour passer outre indiquer quel concept en tient lieu dans le corpus cartésien. Heidegger ne s'en fait pas faute, mais les médiations qu'il utilise sont si nombreuses et problématiques qu'on ne peut faire l'économie de leur examen.

On peut facilement établir à partir de là qu'il y a chez Descartes une pensée métaphysique de la représentation, dont la vérité est sous la garde de la substance pensante que *je* suis. Aller jusqu'à appeler cela «métaphysique du sujet» peut sembler anachronique, parce qu'il manque deux catégories qui ont constitué chez les modernes une telle métaphysique : le «sujet» lui-même, ainsi que l'*objet* au sens de ce dont il y a représentation vraie. L'objet de Descartes n'est pas ce dont il y a connaissance «objective», au sens de vraie et non erronée. L'objet est corrélatif non du sujet représentatif, mais de l'idée qui est elle-même un mode de la pensée ; la réalité objective de l'idée n'est pas son modèle extérieur, mais sa qualité d'idée, qui est de ne se rapporter à une «cause» que sur le mode de la représentation ou effet. Ainsi l'idée comme mode de la substance pensante a sa vérité en elle, si elle se prend elle-même en garde et se détache du préjugé qui veut précisément la rapporter à un être distinct de la pensée.

Tout tient donc à cette saisie de la substantialité comme être et de la pensée, et des «objets» qu'elle représente de par sa nature. C'est en ce point que Heidegger met le cartésianisme dans la continuité relative de la tradition métaphysique. La question de la substance étendue, celle de la dualité des substances, celle de l'opposition entre substances finies et substance infinie, occupaient son esprit dans *Sein und Zeit*, à présent, en 1939, il examine en quel sens la «substance pensante» est «sujet».

C'est une question de terminologie, et en même temps plus que cela. En latin, *subjectum* semble la traduction littérale du grec *hypokeimenon*. *Objectum* entre dans la même famille. D'autre part, *substantia* traduit littéralement *hypostasis*. Le *subjectum* est «ce qui gît dessous», la *substantia* le geste ou l'action de «poser dessous». La seule différence entre *hypokeimenon* et *hypostasis*, qui désignent tous deux «la substance», tient aux radicaux, les verbes *keimai* ou *titemi* (*keimai* étant l'équivalent du parfait passif de *titemi*, être situé, jeté, déposé) et *istemi*. En tout cas, le latin, langue peu métaphysique, a au moins le mérite de laisser intact le sens des termes grecs originaux, qui sont alors à interroger.

Ce qui semble faire difficulté, c'est que le terme grec que traduit *substantia* n'est pas *hypostasis* mais *ousia* dans la métaphysique d'Aristote. *Hypostasis* semble sans emploi chez lui et ne figure pas dans le lexique. En revanche, *hypokeimenon, hypokeimai* ont de nombreuses occurrences, dont il faut rendre compte.

Upokeimenon, participe présent, du verbe *upokeimai*, se retrouve avec constance dans la métaphysique avec le sens de «substrat» ou de «sujet» au sens rhétorique : ce dont il s'agit, l'affaire en question. Aristote déclare au livre I de la *Métaphysique*, en 997 a 1 : «s'il existe en ce domaine une science démonstrative, on aura besoin qu'il y ait un genre de *upokeimenon*, un substrat. Le genre, «substrat des différences», est un. Le «ce par quoi» est la forme, et dans un deuxième sens est en tant que matière de chaque chose, le substrat qui est premier pour chaque chose», sa matière ou son «sujet prochain» (1022 a 19). La superficie et le solide sont «le substrat des différences», 1024 b 3. «Et ces choses semblent plus des êtres parce qu'il y a, sous chacune d'elles, un sujet (*upo*) réel et déterminé» (1028 a 26).

Ou encore: «la substance au sens du substrat (*upo*) et de la matière» (*Métaphysique* 1, 1042 a 23). Encore plus clairement: «Et puisque notre recherche porte sur l'*ousia,* il nous faut y revenir, l'essence est dite être quelque chose comme «*upokeimenon*» (I, 1, 1053b 1.)

Bref, Aristote oppose aux apparences sensibles et aux accidents la nécessité d'un substrat plus permanent et plus constant qu'eux, qui soit le véritable objet de la connaissance métaphysique. Le «substantiel», c'est donc le véritablement présent, ce qui supporte et qui fonde l'étant en tant qu'étant connaissable. Ce permanent, ce constant, ce fondement, Heidegger affirme que Descartes le situe non dans la seule étendue comme substance des modes divers du sensible, mais surtout dans la pensée même, plus aisée à connaître, vraie source de nos idées des corps. Husserl a beau opposer à Descartes, comme une inconséquence, son dualisme, Heidegger lui en fait crédit comme d'une exigence métaphysique fondamentale. Mais l'élection de la substance pensante comme «sujet», *subjectum* insigne, range Descartes dans l'époque *moderne* qui fait de la représentation un critère pour déterminer l'être de l'étant.

Si une telle différence se manifeste entre les deux «phénoménologues» dans la manière de situer Descartes et d'apprécier son rôle inaugural, cela tient tout simplement au fait que Heidegger range Husserl lui-même dans la «métaphysique des temps modernes», en tant que continuateur de Descartes, ce qui explique le règlement de comptes entre le disciple et son maître. Le penseur des temps modernes n'a plus en vue la refondation d'une ontologie comme science de l'être de l'étant, projet qui peut encore caractériser certains aspects de *Sein und Zeit*. Il veut aller plus loin dans une histoire des temps modernes en tant qu'histoire de l'être, et fixer le «destin des temps modernes» à partir de ce qu'ils font encore sous ses yeux. Il a déjà observé que le mouvement de fondation des sciences, la «crise des fondements », n'affecte pas que les sciences logicomathématiques, mais aussi les sciences de l'esprit, et que toutes s'originent dans le découpage en régions de l'étant que la métaphysique d'Aristote avait déjà entériné. A la fin des années trente, le mouvement de fondation prend pour lui le double caractère d'un « principe de raison » partout à l'œuvre, et d'un triomphe de la représentation sous une forme et selon un concept qui n'ont rien à voir avec la « copie conforme » dont on croit trouver la formule dans les classiques, *adaequatio rei et intellectus*. Représenter, c'est se saisir de, rapporter au sujet comme fondement ou support permanent. C'est l'obsession du « permanent » ou de la présence constante comme essence du tout de l'étant qui pousse la représentation à s'assurer elle-même en se projetant sur des domaines d'objet. Avec ces conceptions des temps modernes, Heidegger pense avoir trouvé la formule de « tous les temps modernes », auxquels s'oppose seulement un avenir autre comme « dépassement de la métaphysique », marqué par la correspondance entre essence de l'homme et essence de l'être, l'appropriation ou *Ereignis*.

Descartes prend une nouvelle envergure dès lors qu'il inaugure ce mouvement du destin occidental dont Husserl n'est « que » le continuateur, avec son projet de fondation en rigueur des sciences sur la philosophie. Heidegger a besoin de Descartes comme père des temps modernes, dès lors que leur dépassement, en tant que « futurition » autre que technique, devient son programme de pensée et sa mission de penseur.

Le Descartes de Heidegger n'a donc plus rien à voir avec celui de Hegel et de Husserl, ces philosophes qui croyaient le prolonger et le refonder en rigueur. Il devient « signe des temps », il est à l'horizon de leur fuite espérée.

Heidegger et la politique de Kant

La pensée politique de Kant n'a pas retenu son éminent commentateur : il faut entendre par là que sa lecture de Kant ne s'est pas arrêtée à la question de la chose publique, de la « publicité », du lien communautaire, quoi qu'il ait vu dans le kantisme *de Kant*, auquel il oppose en bloc « le néokantisme », quelque chose sur quoi sa pensée devait revenir inlassablement. Cette élision remarquable ne peut être ni fortuite ni gratuite, et ne saurait s'interpréter comme un « impensé » de Heidegger : autant il a mis d'obstination à « penser avec Kant », autant il en a mis à ne pas entrer dans sa « pensée politique », c'est ce choix qui mérite réflexion.

Le meilleur témoignage de cette volonté de contourner la question de la chose publique est fourni par l'étrange dialogue de *Davos*[1] avec Ernst Cassirer. Déjà lors de l'annonce initiale de son argument, Heidegger notait que la métaphysique du *Dasein*, devant laquelle Kant se retrouvait malgré lui après avoir fait « sauter la raison », doit « poser la question de l'essence de l'homme d'une manière antérieure à toute

---

1. *Entretiens de Davos*, éd. Beauchesne.

anthropologie philosophique comme à toute philosophie de la culture[1] ».

Le débat donne très vite de nouvelles indications sur le champ de questions qu'Heidegger choisit d'éviter. Ainsi de la controverse confuse sur l'unité de la problématique kantienne, que d'ailleurs la thèse selon laquelle la Raison a « sauté » conteste radicalement. Cassirer cherche à montrer que l'objectivité n'est pas seulement une caractéristique *de fait* des sciences de la nature, mais une donnée problématique dans les trois domaines théorique, éthique et du jugement, parce qu'elle implique une forme d'absoluité qui dépasse la finitude. Il en va de la possibilité d'une *science de l'esprit*, qui dépasse les nécessités et contingences de l'existence finie. L'équivoque s'instaure en plein centre du débat, puisque pour Heidegger la finitude n'est pas une limitation extérieure et inférieure de l'essence de l'homme, pas une détermination extra-anthropologique que l'instauration de l'esprit ferait apparaître dans sa pauvreté : la finitude comme *Dasein* est la condition d'une ontologie, à tel point que pour un être infini le problème de la métaphysique ne se poserait pas.

L'opposition valorisée par Cassirer perd donc tout sens pour Heidegger : l'universalité du jugement de connaissance, comme celle du jugement éthique ou esthétique, ne renvoie à rien d'essentiel, sinon à la permanence ou substantialité du sujet qui devrait renvoyer à la seule transcendance interne du temps. C'est ainsi que le débat, qui ne prend jamais la tournure d'un dialogue philosophique ou « recherche en commun », mais constamment celui d'une surenchère dans l'enveloppement mutuel – et exclusif – des deux pensées, s'achemine vers l'épreuve cruciale d'une réfutation en forme de coup de poker.

De la différence même de leurs positions, les deux « interlocuteurs » se font une image diamétralement opposée. Pour

1. *Op. cit.,* p. 24.

Cassirer, il existe entre leurs positions un centre commun qui tient à ce que deux locuteurs partagent un monde, le monde auquel ils appartiennent avant toute opposition, et que manifeste le langage même. Pour Heidegger, c'est une telle communauté minimale qui constitue la condition d'un commencement de pensée, mais en un sens tout autre : les différences de positions « reviennent au même » et suscitent l'effort de la pensée comme autre manière de se rapporter au langage. Loin que les différences reviennent à un « centre commun », elles s'annulent comme non-pensée et témoignent de la différence même de la pensée avec la pseudo-pensée « en commun ».

S'il ne s'agissait de Kant, on admirerait le dialogue de sourds pour lui-même et l'opiniâtreté de celui qui monologue dans et contre le dialogue, qui témoigne de la différence de la pensée et du dialogue contre des siècles de « dialectique » socratique. Mais il devient flagrant que Heidegger ne restitue pas la pensée de Kant, ni certainement à la lettre, ni dans l'esprit, en repoussant dans un avenir que lui-même prétend seul incarner l'essor de la *pensée* libérée de la métaphysique occidentale. Heidegger ne pense pas avec Kant.

La question soulevée par Cassirer porte sur l'*objectivité* et vise la cohérence des trois volets de la critique, précisément fondée sur une « objectivité » *réalisée* dans la connaissance et seulement *visée* dans la pratique et le jugement esthétique. Or c'est précisément la seule *Critique de la raison pure* qu'Heidegger prend pour base de l'édifice supposé, en tant que témoignage d'une authentique *refondation* de la métaphysique. Aussi l'idée même d'un étayage du « problème de la métaphysique » sur la pensée kantienne, qui motive le second et seul ouvrage en forme de livre de Heidegger après *Être et Temps* et le prolonge en une pensée de la non-pensée (la métaphysique comme système et fatalité de la non-pensée, ancrée dans l'Être), montre en ce point précis ses limites et son artifice. Heidegger « reconnaît », il n'ignore pas ce qu'il refuse en enrôlant le kantisme de Kant au service de la dénonciation du «néokantisme», et rétrospectivement de toute réactivation de la philosophie des Lumières sous la forme d'un «rationalisme», mais aussi bien d'une philosophie des formes symboliques. Il reconnaît en effet qu'il entend négliger le kantisme «historique» comme pensée en commun, pensée de l'époque ou contre les limitations de l'époque (pensée d'avenir) pour ne privilégier que l'amorce d'une reprise de la question ontologique après les critiques de la métaphysique dogmatique qui l'ont réveillée.

Il en va plus généralement de la démarche proprement heideggérienne comme *politique* radicale. Lui-même n'est pas sans système dans sa manière de «méditer», et n'échappe pas si absolument qu'il ne veut bien le dire à des modèles historiques préexistants dans la pensée allemande. En posant qu'«aucune époque ne pense», et que la métaphysique n'échappe qu'en apparence à la non-pensée, Heidegger retrouve certains traits de Fichte et de Nietzsche penseurs dans leur pose «radicale», si ce n'est de Hegel lui-même. L'époque, dirions-nous avec eux, «ne pense pas», si ce n'est en commençant à «faire époque» par la pensée et comme pensée, ce qui d'ailleurs n'arrive pas. La preuve en est l'incapacité répétée à sortir d'une question qui conditionne et enferme d'avance toutes les réponses, y compris celles qui visent au paradoxe et au dépassement. On peut même juger de la non-pensée à ce signe qu'elle s'avère incapable, malgré tous ses efforts, à seulement formuler en toute rigueur la question dont elle part, et c'est le secret du faux dialogue Cassirer-Heidegger : celui seul qui peut dire de quoi l'autre parle à son insu, «enveloppe» sa pensée sans réciproque possible et pense dans le même mouvement qu'il dénonce chez l'autre l'impensé. C'est pourquoi Heidegger ne pense pas avec Kant, et cherche plutôt du côté des réfutations du criticisme une complicité dans le rejet radical du temps «présent».

A Kant, il ne reconnaît réellement que l'anticipation, in-saisissable pour lui-même, d'une «analytique du *Dasein* » fondée sur la transcendance de la temporalité. Mais dès lors que la finitude qui va de pair avec ce fondement ne consti-tue pas l'objet d'une réflexion entièrement fondée sur le «fait» de l'objectivité et de l'universalité (notamment du ju-gement), le «retour à l'ontologie» prend la signification li-mitative d'une «refondation de la métaphysique», et le kan-tisme devient un épisode analogue à celui du cartésianisme[1]. En d'autres termes, c'est Heidegger seul, auteur d'*Être et Temps*, qui sait et peut dire en quoi Kant ouvre la question de l'Être (c'est d'ailleurs plutôt le texte tardif, *la thèse de Kant sur l'être*[2], qui «restaure» malgré elle l'ontologie kan-tienne). Hors de cet enveloppement unilatéral, la pensée de Kant peut bien apparaître comme non-pensée, philosophie datée, notamment des Lumières, ainsi d'ailleurs que tout le jeu des questions kantiennes et celle qui les résume : *Qu'est-ce que l'homme ?,* même surtout celle-là.

Au rebours, ceux qui n'ont pas voulu «penser l'époque» et ont «joué » la pensée contre l'époque, ont au moins com-muniqué à Heidegger, sinon la seule question qui vaille, celle de l'Être, au-delà et au fondement de l'étantité de l'étant, tout au moins une position de commencement ab-solu de la pensée et une maïeutique[3] dont les normes dé-coulent du mythe même du recommencement de la pensée. Les incitations à méditer sont un trait caractéristique des conférences si nombreuses de Heidegger, et commandent une série de métaphores reconnaissables : le « chemin», l'écart par rapport à toute catégorie et vocabulaire reçus, fut-ce de la tradition, l'appel, l'éclair, la clairière, la lumière, la

---

1. *Cogito me cogitare*: cf. « Méditer, cogiter » de Heidegger, et *Nietzsche* II, Gallimard, p. 123 et suiv.
2. In *Questions* II, Gallimard, 1968.
3. Cf. texte introductif.

parole, la conformation à une injonction émanant de la vérité. Ces termes incantatoires, qui ne peuvent se fonder sur une évidence plus profonde qu'eux, ne se posent que dans une dichotomie avec une série d'autres, le langage commun, ou technique, les « conceptions[1] », les traditions, les conventions, etc. Loin de préparer un auditeur à enfin « penser par soi-même » après qu'il ne l'a fait que sous la coupe ou le joug d'une pseudo-pensée « commune » trop vite admise, ces incantations incitent à « méditer » en s'abandonnant à l'évidence propre aux « approches » réalisées par la parole du conférencier. Dans la tradition allemande, il serait intéressant d'esquisser un rapprochement avec la stratégie oratoire d'un Fichte, qui soumet ses disciples à l'épreuve d'une prise en compte intérieure de l'évidence de ses calculs : il déclare par exemple[2] :

« Cette pleine et parfaite attention à laquelle je pense – et seul la connaît celui qui la possède – n'est pas susceptible de degrés ; entre elle et l'attente distraite, qui est susceptible d'une infinité de degrés, la différence n'est pas de degré mais *toto genere*. Elle remplit l'esprit tout entier, tandis que l'attention imparfaite ne la remplit pas. »

Lorsque avec l'insistance que l'on sait, Schopenhauer a dénoncé en Fichte un « charlatan », il ne visait pas spécialement des sophismes ou une pensée verbeuse de l'Absolu, ce qui témoignerait plutôt de sa propre incapacité à « l'attention parfaite », mais une position de gourou, une stratégie de mobilisation et d'obnubilation de la pensée d'autrui qui pouvait trouver ailleurs que dans la spéculation ses professionnels et ses virtuoses : Messmer et son « baquet », Robertson et ses fantasmagories…

Même la fameuse déclaration de Fichte selon laquelle « la certitude est une substance » peut s'interpréter, contre Hei-

---

1. *Bild* : cf. *L'Époque des conceptions du monde*, in *Chemins*…
2. *Wissenschaftlehre*, exposé de 1804, Conférence V, Aubier, p. 62.

degger lui-même et sa « métaphysique de la subjectivité », comme une formule incantatoire correspondant à la réfutation en bloc de tous les contenus de pensée au profit du (re) commencement absolu de la pensée sous condition d'obéissance préalable à la puissance d'une évidence subjuguante. Il est intéressant de constater que toute la lecture des premiers paragraphes de la *Phénoménologie de l'esprit* par Heidegger converge[1] vers une reprise de la certitude en vérité qui marque un « simple » dépassement des positions de Fichte vers leur véritable portée : non un « sujet-objet subjectif », mais absolu.

Heidegger repense Hegel comme un Fichte qui aurait vraiment compris la substantialité de sujet en déplaçant la certitude de son pôle subjectif : les auditeurs subjugués, vers le pôle *objectif* qui fait que tout l'auditoire et le conférencier même « communient » dans la vérité, qui émane non tant de l'objet que du fait qu'il est pensé « absolument », c'est-à-dire une fois *absoutes*[2] les subjectivités pensantes dans leurs particularités.

Enfin, Heidegger attribue la philosophie de Nietzsche et ce qu'elle a d'« historial » à sa position existentielle d'« isolé » : « à de tels isolés et à eux seuls, écrit-il, appartient de dire ce qu'il en est de l'étant comme tel[3] ». Mais il ne va pas jusqu'à poser que son « insociable sociabilité », même aiguë, appartiendrait encore à la catégorie de la sociabilité en général : et de même, c'est comme une « parole de poète », et non d'une psychologie ordinaire, qu'il prend dans les *Chemins*[4] les vers de Hölderlin :

---

1. Cf. *Hegel et son concept de l'expérience*, in *Chemins qui ne mènent nulle part.*
2. « *Absolviert* » : terme utilisé pour désigner l'absoluité du savoir absolu, cf. *Hegel... ibid.*
3. *Entretiens de Davos, op. cit.*
4. *L'Époque des conceptions du monde*, p. 125, Gallimard.

« Et si ton âme s'élance
Nostalgique au-delà de ton propre temps
Triste, alors, tu demeures sur la froide berge
Auprès des tiens sans les connaître jamais »

commentant ainsi l'expérience personnelle dont ils sont
l'écho: « (Une authentique méditation) transpose l'homme
du futur dans cet entre-deux dans lequel il appartient à
l'Être cependant qu'au milieu de l'étant il reste un
étranger[1]. »

Tout est dit en quelques mots, et dès lors les affinités de
Heidegger avec Kant, penseur politique, ne peuvent aller
très loin. Refonder la métaphysique signifie bien reprendre à
nouveaux frais la question de la cité et de la citoyenneté,
celle de l'humanité de l'homme et de sa réalisation dans et
par la communauté. Il y a une «pensée politique» de Kant
parce qu'il y a eu une philosophie aristotélicienne qui posait
dans l'«être-ensemble» les conditions de réalisation de l'humanité de l'homme en général, mais essentiellement de
l'homme en tant qu'il peut penser. Dès lors que c'est ou
bien la Cité, ou bien la pensée, et que la communauté le
cède à la *communion* dans la vérité de l'Être que le «on» oc-
culte toujours, et surtout lorsque c'est la technique qui as-
sure et consolide les liens interpersonnels, l'onto-théologico-
politique en tant que pensée politique dérive en bloc et
fond comme un iceberg au printemps.

Même l'alternative heideggérienne: ou bien la «nature
humaine», ou bien l'essence de l'homme[2], constitue un refus de ce qui fait chez Kant la nécessité d'une vie politique.
Naturalité et sociabilité ne sont en réalité que les deux aspects d'une «finitude», au sens d'un inachèvement, qui engage l'animal humain dans la voie d'une réalisation intra-
mondaine. Kant analyse en termes de «besoins»: celui d'un

---

1. *Chemins...*, *ibid.*
2. Cf. *Nietzsche* II, *op. cit.*

maître, d'un bien, d'un accord, cette dépendance naturelle et cet inachèvement. La téléologie naturelle sous-jacente, les fins de la nature, n'opposent pas tant le «naturel» humain particulier à la Nature en général, comme la partie incompréhensible et imparfaite au Tout harmonieux et bien conçu par compensation, qu'une «nature politique» à une nature simple introuvable. L'humanité réalisable dans la vaste Cité du monde forme l'horizon des vues contradictoires de l'humain individuel déchiré entre des déterminations inconciliables, qui le contraignent d'être libre. En opposant, à cette naturalité humaine, le point de vue de «l'essence de l'homme» qui ne met en rapport sa finitude qu'avec la possibilité de l'ontologie, c'est-à-dire l'exigence même de l'Être, Heidegger met consciemment toute pensée «politique» sous le signe d'un «nihilisme achevé», selon une hiérarchie *inachevé-achevé* qui oppose Nietzsche en tant qu'achèvement du nihilisme à toute la pensée occidentale antérieure. La Cité le cède à la puissance, et la réalisation de l'humain à la technique planétaire. C'est Nietzsche, non Kant, qu'Heidegger joue contre le «néo-kantisme» humaniste de son époque. Mais c'est un Nietzsche inspiré par l'exaspération contre l'idéalisme de Schopenhauer et de Wagner, symptômes à ses yeux d'un remplacement des valeurs chrétiennes démonétisées par des valeurs mondaines, esprit de sacrifice et socialisme, qui remplacent le lieu du suprasensible sans le supprimer.

Ainsi, tout l'effort kantien pour manifester la destination supra-sensible de l'homme dans l'exercice de son humanité individuelle tombe selon lui dans la «métaphysique inachevée». Comment pourrait-on dès lors imaginer qu'Heidegger, malgré l'insistance de ses retours successifs à Kant, reconnaisse la place du politique dans une pensée kantienne reconsidérée sous l'angle de son aveuglement à soi-même?

Risquons ici une interprétation : si Heidegger s'aveugle lui-même si souvent sur des points capitaux de grandes philosophies qui sont notre patrimoine commun, ne serait-ce pas à cause d'un aveuglement d'ordre passionnel plus fondamental qui lui bouche la vue à force «d'évidence»? Pour Heidegger et depuis l'enfance, ce qui «existe», ce qui «est», c'est son paysage de Souabe avec les forêts, les montagnes, le dialecte, les mœurs intactes. Même «l'Allemagne» est un trop gros objet pour lui, trop lointain, trop abstrait (Berlin, les grandes villes). Quant au «planétaire», c'est une dimension de la vie moderne pour laquelle il éprouve une horreur farouche dont il finit par faire une pose, une attitude attendue et consciente, ainsi d'ailleurs que des «concepts»: le *gigantesque*, le *terrible*[1]. Ainsi, l'idée que l'homme pourrait reconnaître une autre forme de communauté qu'à cette échelle, et avec ce particularisme transformé en xénophobie humoristique (comment peut-on être non souabe?), cette idée lui semble fausse, trompeuse, «moderne», il préfère se réfugier dans l'ontologie médiévale et les textes mystiques de Maître Eckhardt.

Ce qui accrédite à mes yeux cette interprétation dans sa gratuité, ce n'est pas seulement l'évolution de sa pensée vers une interrogation du dialecte souabe dans ses capacités à dire l'être[2], c'est l'analogie de cette position provincialiste et de cas proches de nous, y compris dans l'Université: il est des provinciaux pour ne ressentir d'affinités véritables qu'avec leurs «pays», ils tueraient volontiers les autres, si la situation s'y prêtait, comme cela se fait dans les *maffias* italiennes et américaines, qui sont des provincialismes importés en milieu urbain.

Si cette interprétation a la moindre vérité, on peut en conclure que le «point de vue cosmopolitique», c'est-à-dire de «citoyen du monde», d'un Kant est en avance de trop de siècles sur la mentalité de gens comme Heidegger.

---

1. Cf. les dernières pages du texte *Époques, op. cit.*
2. En 1949 notamment, cf. conférence *Die Gefahr*, B 79 O.C. en allemand.

Nietzsche n'est pas métaphysicien

Les auteurs ne sortent pas exactement «eux-mêmes» ou rendus à eux-mêmes du traitement que leur inflige Heidegger mais c'est tout spécialement vrai de Nietzsche dont il s'est occupé ou préoccupé avant, pendant et après la dernière guerre au point de lui consacrer deux volumes, des essais et des enseignements. Des cours, donnés pendant cinq semestres entre 1936 et 1940 à l'université de Fribourg en Brisgau, ont été repris en substance lors d'un séminaire en 1943, tenu en cercle restreint[1].

Dans les *Holzwege*: « Le mot de Nietzsche: Dieu est mort », Heidegger entreprend de situer la doctrine de la volonté de puissance en tant qu'« accomplissement de la métaphysique occidentale à partir de l'histoire de l'être». L'idée d'un Nietzsche métaphysicien est une violence faite à toutes les intentions de l'auteur et c'est pourquoi la question de l'altération interprétative (celui qui interprète et celui qui est interprété ne parlent pas de métaphysique en donnant le même sens au mot) se pose ici avec acuité, peut-être davantage qu'à propos de tout autre auteur qu'il ait relu et resitué.

---

1. Cf. remarques finales jointes à la publication des *Holzwege*.

On posera trois questions qui portent sur ce «Nietzsche de Heidegger» tel qu'il le comprend en 1943 :

Que signifie «accomplissement» (de la métaphysique) ?

Que signifie «Dieu est mort» ?

Quel rapport établir entre ce Nietzsche et le «Hegel-de-Heidegger» tel qu'il le «comprend» à la même époque et dans le même recueil des *Holzwege*, dans le texte *Hegel et son concept de l'expérience*, issu d'un autre séminaire tenu pendant l'année d'étude 1942-1943 ? Des deux, il traite au même moment et dans un même souci qui est une reprise d'ensemble de la tradition de la métaphysique depuis Aristote[1] jusqu'à l'accomplissement ultime.

Les trois questions tendent à n'en faire qu'une en ce sens que si l'on comprend la filiation entre Aristote, Hegel et Nietzsche, on sait comment la métaphysique s'accomplit et on donne à l'événement de la «mort de Dieu» sa valeur véritable, sa *juste* valeur.

De ce fait on peut enfin juger du sens des métamorphoses que Heidegger fait subir à «son» Nietzsche de 1943 ainsi que de leur ampleur.

Dans ce texte Heidegger ne prend de Nietzsche que la théorie de la *volonté de puissance*, unie à celle de l'éternel retour. Il envisage non l'œuvre composée et publiée ou composée pour être publiée, mais l'œuvre idéale, rêvée, projetée mais inachevée et interminable, cette *volonté de puissance* que sa sœur a voulu faire croire finie et a léguée à une douteuse postérité. Ayant ainsi synthétisé le Nietzsche tel qu'il se rêvait, métaphysicien qui en finit avec la métaphysique, Heidegger peut épiloguer et «accomplir» à sa place et contre tous ses propres vœux la métaphysique inaugurée par Aristote.

La première question porte sur la ressemblance entre Hegel et Nietzsche tels que traités dans les *Holzwege*. Elle est

---

1. Aristote, *Métaphysique*, livres IV et X.

attestée tant par la proximité dans le temps que par des analogies frappantes dans le texte, les expressions, les concepts utilisés. Donnons-en tout de suite un exemple :

« ... La notion nietzschéenne de valeur : en tant que point de vue, elle est toujours posée par un voir et pour celui-ci. Or, ce voir est de telle sorte qu'il voit dans la mesure où il a vu : qu'il a vu dans la mesure où il s'est représenté, et a, ainsi, posé comme tel ce qu'il a envisagé[1]. »

Et à propos de la conscience, *Bewusstsein* dans la *Phénoménologie* : « savoir signifie : *vidi,* j'ai vu, j'ai eu l'aspect de quelque chose, je l'ai inspecté. Le parfait de l'avoir vu est le présent du savoir[2]. »

Voici un autre exemple, qui rapproche les formules de la *Volonté* et du *Savoir* : « L'unité essentielle de la volonté de puissance ne peut être rien d'autre que cette volonté même... Elle la place elle-même devant elle en sa propre épreuve de telle façon qu'en une telle épreuve, la volonté se représente en pureté...[3]. »

D'autre part : « Dans cet avènement, la conscience est son propre apparaître à soi dans l'apparaître. Elle est se déployant en présence vers elle-même. Elle est. La conscience est en ce qu'elle devient en sa vérité[4]. »

Il ne s'agit pas de mettre ici en évidence un travers de style, Heidegger écrivant *du Heidegger* quel que soit le sujet : c'est plutôt qu'il cherche dans une double direction la formule de la métaphysique moderne après Descartes, vers la conscience et vers la volonté.

Nietzsche double véritablement Hegel en complétant la pensée représentative par une pensée de la volonté. En écrivant « je l'ai inspecté » pour caractériser la représentation,

---

1. *Chemins qui ne mènent nulle part*, p. 275.
2. *Ibid,* p. 178.
3. *Ibid,* p. 293.
4. *Ibid,* p. 218.

Heidegger retrouve le sens véritable de la *skepsis*, ce «doute» cartésien qui ne passe par la récusation du douteux que pour mieux poser en vérité l'«inspection de l'esprit», *inspectio mentis*, comme expérience «de» la conscience faite par elle et d'elle-même[1]. La phénoménologie de l'esprit apparaît alors comme la véritable «expérience de la conscience» et comme la vérité de la représentation.

Le passage de Hegel à Nietzsche est déjà ménagé dans *Hegel et son concept de l'expérience* lorsque la formule de la représentation est référée au double moment cartésien et leibnizien. Cela se fait d'abord sous la forme d'une minoration du rôle de Descartes: «... S'il met bien les pieds le premier sur la terre de la philosophie moderne, à savoir le *subjectum* comme *ego cogito*, (il) ne voit au fond pas du tout le paysage[2].»

Descartes est pour lui le *Christophe Colomb* du Nouveau Monde métaphysique, qu'il prend pour l'ancien. Mais encore et surtout il partage la priorité avec Leibniz selon une formule encore à définir: «L'étant se manifeste depuis Leibniz, de telle sorte à la pensée que tout *ens qua ens* est une *res cogitans* et, en ce sens, sujet[3].»

Lorsqu'il traite de Nietzsche métaphysicien, l'importance qu'il accorde à la subjectivité est d'abord présentée comme une dette envers le cartésianisme:

«La métaphysique des temps modernes commence et déploie son essence en ceci qu'elle cherche l'absolument indubitable, le certain, la certitude... en posant la conservation, c'est-à-dire le fait d'assurer son état comme une valeur nécessaire, la volonté de puissance justifie du même coup la nécessité d'assurer tout étant, lequel en tant qu'essentiellement représentant est toujours aussi ce qui tient pour vrai[4].»

---

1. *Deuxième Méditation*, le morceau de cire.
2. *Ibid*, p. 186.
3. *Ibid*, p. 164.
4. *Ibid*, p. 288.

Mais Leibniz revient prendre la place d'un «premier»:
«A l'intérieur de la métaphysique moderne, c'est Leibniz qui pense le premier le *subjectum* comme *ens percipiens et appetens*. Avec la caractéristique de la *vis* dans l'*ens*, il pense pour la première fois clairement l'essence «volontative» de l'être de l'étant[1].»

Ainsi, Nietzsche est à Hegel ce que Leibniz est à Descartes: il pense «l'essence volontative» comme essence représentative et dépasse le point de vue de la vérité pour enfin poser la «valeur» comme point de vue, de même qu'il pose l'art au-dessus de la science. De ce fait, Nietzsche métaphysicien de la volonté de puissance est monadologue, il pose l'être de l'étant comme centre de perspective et «point de vue» ou subjectivité parfaite.

En quoi la réflexion sur la métaphysique accomplie devait-elle aller d'Aristote à Nietzsche en passant par Hegel? C'est que la métaphysique est nécessairement pensée du «substantiel», être de l'étant suprême. Mais avec les modernes, le substantiel devient le sujet, la subjectivité: Hegel identifie même substance et sujet. Cependant, c'est Nietzsche qui découvre l'être véritable du sujet représentant, en tant que substance qui se sait: c'est «la volonté qui se veut». Il passe du savoir au vouloir, de la Science (de l'expérience de la conscience) à l'art. La métaphysique de l'art accomplit l'essence de toute métaphysique, saisir le substantiel, mais conformément à l'essence des temps modernes, en faisant retour à soi sur le mode de la production représentante.

Il reste à interpréter le *Dieu est mort* qui fait le titre et le motif central de cette pensée métaphysique reconstituée. Il était déjà présent dans *Hegel*...

«La science de la phénoménologie de l'esprit est la théologie de l'absolu quant à sa parousie dans le vendredi saint

---

1. *Ibid*, p. 296. *Subjectum*: le sujet. *Ens percipiens et appetens*: étant percevant et désirant. *Vis*: la force.

dialectique-spéculatif. Ici meurt l'absolu. Dieu est mort[1]. »

Chez Nietzsche également, la *mort de Dieu* ne fait qu'un avec l'accomplissement de l'ontologie comme saisie de l'étant sujet : « l'homme s'est dressé dans l'égoïté de *l'ego cogito*. Avec ce soulèvement, tout étant devient objet. L'étant est englouti, comme objectif, en l'immanence de la subjectivité... cette mise à mort entend la suppression, par l'homme, du monde suprasensible étant en soi[2]. »

Mort de Dieu signifie donc nihilisme, comme prélude au renversement de toutes les valeurs et à leur nouvelle émergence comme volonté se sachant et se voulant.

C'est ici que la déformation interprétative est la plus sensible : Heidegger traite Nietzsche comme contrepoint de Hegel, pour qui la substance est enfin sujet. Il condescend à lui attribuer un avantage sur ce dernier en ce qu'il conçoit une substantialité sans sujet défini, par exemple sous la forme d'un collectif produisant-représentant. il cite l'aphorisme 796 de l'année 1885-1886 : « L'œuvre d'art, où elle apparaît sans artiste, par exemple en tant que corps, en tant qu'Organisation (le corps des officiers prussiens, l'ordre jésuite)[3]. »

Cela, c'est la « Volonté », l'essence volontative-représentative, qui culminera dans la négation de toute pensée, la « technique » comme mise en sûreté à l'échelle planétaire de tous les fonds.

On peut brièvement faire les comptes de ce que cette lecture abandonne d'essentiel dans le propos de Nietzsche lui-même : il dénonçait « la puissance », notamment des églises, mais pas au sens d'une institution de valeurs sans la conscience du fondement de leur instauration. Il y voyait un complot des faibles et des humbles et c'est pourquoi il

---

1. *Ibid*, p. 245.
2. *Ibid*, p. 315.
3. *Ibid*, p. 291.

dénonçait le platonisme, et non l'aristotélisme qui le renverse déjà, comme règne du suprasensible *sur* l'existence, puisqu'il faut diminuer le prix qu'on y attache pour établir sur elle une semblable tutelle. Ces dimensions manquent au *Nietzsche* de Heidegger, qui veut en faire une figure accomplie des *temps modernes* dont il est désolidarisé au prix de tous les raccourcis et stylisations. Pour Nietzsche, « la métaphysique » est le nom des *Idées* comme puissances terrestres ou forces faibles, et il a raison de croire qu'il la dépasse dès lors qu'il montre la fabrique de l'idéal sur terre, c'est à dire le renversement sophistique qui permet à la faiblesse de dominer ce qu'elle affaiblit encore plus qu'elle-même. Pour son double heideggérien, « la métaphysique » est une réflexion aristotélicienne sur l'expérience, qui dégage le substantiel de l'empirique et saisit l'être de l'étant comme permanence. C'est un logicisme sans ses *bénéfices* pour le vouloir, sans son éthique. Le rapport à établir entre la connaissance et l'éthique n'est pas le même chez Platon et chez Aristote, l'idéalisme purificateur et l'empirisme bien tempéré. Hegel achève le mouvement amorcé par le second et le sait, pas Nietzsche qui remonte au platonisme et à l'orphisme pour rendre compte d'un phénomène des temps modernes sans rapport avec une interrogation connaissante sur l'être véritable de tous les étants. Ce phénomène, c'est « la domination », question qui demeure critique vis à vis d'un logicisme en général.

Il arrive à Nietzsche dès lors qu'il tombe morganatiquement entre les mains de l'interprète abusif la même chose en pire qu'avec toute la pensée classique, il « confirme » ce que l'autre « avait bien dit », il avère une prédiction au passé. « Je vous parie que Nietzsche a développé une métaphysique de la puissance ! » On ouvre le dossier, on établit une table de correspondances et le tour est joué. L'honnête herméneute aurait fait autrement, il aurait admis que « la puissance » moderne à laquelle Nietzsche s'en prend est celle des « dominateurs faibles» et reconnu que l'appétit de dominer son prochain est lui-même une faiblesse, un signe de faiblesse qui ne constitue une tentation que pour les ratés. Un philosophe, un homme libre se reconnaît même à ce qu'il n'est pas sujet à cette tentation ordinaire. La condamnation et le mépris pour l'appétit de puissance sur les autres est le sentiment qui guide Nietzsche dans son enquête sur les débuts de l'affaiblissement du prix de la vie digne de ce nom. Heidegger noie le poisson en identifiant la «technique» et «les temps modernes» à un appétit de puissance en général, une «volonté de volonté». Les raisons en ont été indiquées, il demeure équivoque face au phénomène de la domination allemande appuyée sur des logistiques, il condamne tous azimuts et finalement renverse tout et bénit la «technique» en tant qu'antichambre de «l'appropriation» entre essence de l'homo germanicus et l'essence de l'être. Nietzsche demeure bien, finalement, non seulement un philosophe, mais un *homme* trop grand pour lui, même si sa performance consistant à métamorphoser sa «doctrine» en destin de la pensée métaphysique force l'admiration envers les ressources de la sophistique.

Ici tout particulièrement, le paradoxe majeur de Heidegger philosophe éclate et nous oblige à nous situer: la philosophie est une affaire d'hommes, en ce sens que l'homme qu'on est et le philosophe qu'on veut être ne peuvent demeurer étrangers l'un à l'autre. Voulant dépasser l'idéologie nietzschéenne qui est pour une large part celle du régime, Heidegger rencontre l'obstacle d'une philosophie qui est celle de l'homme Nietzsche et ses insuffisances se voient lorsqu'il se mesure à de telles pensées. Comme historien de la philosophie il est insurpassable, comme *homme* qui pense, hélas! il ne l'est pas.

Table des matières

CET OUVRAGE A ÉTÉ ACHEVÉ
D'IMPRIMER POUR LE COMPTE
DES ÉDITIONS DESCARTES & CIE
PAR L'IMPRIMERIE FLOCH À
MAYENNE EN SEPTEMBRE 1995
NUMÉRO D'IMPRESSION : 38249
DÉPÔT LÉGAL : SEPTEMBRE 1995
NUMÉRO   D'ÉDITION :   23